फ़ैज़ अहमद 'फ़ैज़'

जन्म : 13 फरवरी, 1911; गाँव–काला कादर, सियालकोट (पाकिस्तान)।

शिक्षा : आरम्भिक धार्मिक शिक्षा मौलवी मुहम्मद इब्राहिम मीर सियालकोटी से प्राप्त की। मैट्रिक स्कॉच मिशन स्कूल और स्नातकोत्तर मुरे कॉलेज, सियालकोट से। वामपंथी विचारधारा के जुझारू पैरोकार फ़ैज़ ने 1936 में *प्रगतिशील लेखक संघ* की एक शाखा पंजाब में आरम्भ की। 1935 में एम.ए.ओ. कॉलेज, अमृतसर और बाद में हेली कॉलेज ऑफ़ कॉमर्स, लाहौर में अध्यापन। 1938-1942 के दौरान उर्दू मासिक *अदबे-लतीफ़* का सम्पादन। कुछ समय तक फ़ैज़ ब्रिटिश इंडियन आर्मी में भी रहे, जहाँ 1944 में उन्हें लेफ़्टिनेंट कर्नल के पद पर पदोन्नत किया गया था। 1947 में सेना से इस्तीफ़ा देने के बाद *पाकिस्तान टाइम्स* के पहले प्रधान सम्पादक बने। 1959 से 1962 तक *पाकिस्तान आर्ट्र्स काउंसिल* के सचिव रहे।

1964 में लंदन से वापस आने के बाद फ़ैज़ कराची में अब्दुल्लाह हारून कॉलेज के प्रिंसिपल नियुक्त हुए।

1951 में फ़ैज़ को रावलपिंडी षड्यंत्र केस में चार साल की जेल की सज़ा भी हुई, जहाँ उन्होंने जीवन की कड़वी सच्चाइयों से सीधा साक्षात्कार किया।

प्रमुख रचनाएँ : *नक़्श-ए-फ़रियादी* (1941), *दस्ते-सबा* (1953), *ज़िन्दाँनामा* (1956), *मीज़ान* (1956), *दस्ते-तहे-संग* (1965), *सरे-वादी-ए-सीना* (1971), *शामे-शह्रे-याराँ* (1979), *मिरे दिल मिरे मुसाफ़िर* (1981), *सारे सुख़न हमारे* (फ़ैज़ समग्र) लंदन से और *नुस्ख़हा-ए-वफ़ा* (फ़ैज़ समग्र) पाकिस्तान से, *पाकिस्तानी कल्चर* (उर्दू और अंग्रेज़ी में) (1984)। राजकमल से *प्रतिनिधि कविताएँ* प्रकाशित।

फ़ैज़ की रचनाओं का अंग्रेज़ी, रूसी, बलोची, हिन्दी सहित दुनिया की अनेक भाषाओं में अनुवाद हो चुका है।

पुरस्कार : *लेनिन पीस प्राइज़, द पीस प्राइज़* (पाकिस्तानी मानवाधिकार सोसायटी), *निगार अवार्ड, द एविसेना अवार्ड, निशाने-इम्तियाज़* (मरणोपरान्त)। 1984 में मृत्यु से पहले *नोबेल प्राइज़* के लिए नामांकन हुआ था।

निधन : 20 नवम्बर, 1984, लाहौर।

मेरे दिल मेरे मुसाफ़िर

फ़ैज़ अहमद 'फ़ैज़'

सम्पादक
मुहम्मद हसन

राजकमल पेपरबैक्स

पहला पुस्तकालय संस्करण
राजकमल प्रकाशन प्राइवेट लिमिटेड द्वारा
1982 में प्रकाशित

राजकमल पेपरबैक्स में
पहला संस्करण : 2019
आठवाँ संस्करण : 2026

राजकमल पेपरबैक्स : उत्कृष्ट साहित्य के जनसुलभ संस्करण

राजकमल प्रकाशन प्रा. लि.
1-बी, नेताजी सुभाष मार्ग, दरियागंज
नई दिल्ली-110 002
द्वारा प्रकाशित

शाखाएँ : अशोक राजपथ, साइंस कॉलेज के सामने, पटना-800 006
पहली मंजिल, दरबारी बिल्डिंग, महात्मा गांधी मार्ग, प्रयागराज-211 001
1, अनमोल सोराबजी सन्तुक लेन, धोबी तलाव, मरीन लाइंस, मुम्बई-400 002

वेबसाइट : www.rajkamalprakashan.com
ई-मेल : info@rajkamalprakashan.com

बी.के. ऑफ़सेट
नवीन शाहदरा, दिल्ली-110 032
द्वारा मुद्रित

मूल्य : ₹250

MERE DIL MERE MUSAFIR
Poems by Faiz Ahmed 'Faiz'

ISBN : 978-93-88933-17-9

कुछ फ़ैज़ के बारे में

फ़ैज़ अब केवल उर्दू और पाकिस्तान के कवि ही नहीं हैं, पूरी दुनिया के मानवतावादियों के कवि हैं। उनके गीतों की गूँज अब पूरे विश्व में फैली हुई है।

इस संग्रह में जो ग़ज़लें, गीत, कविताएँ हैं वह उनके जीवनकाल के नए चरण के प्रतीक हैं। और यह चरण उनके पूरे जीवन और पूरी कविता के चरित्र ही का स्वाभाविक अंग है।

फ़ैज़ को ज़िन्दगी और सुन्दरता से प्यार है—भरपूर प्यार, और इसीलिए जब उन्हें मानवता पर मौत और बदसूरती की छाया मँडराती दिखाई देती है, वह उसको दूर करने के लिए बड़ी-से-बड़ी आहुति देने से भी नहीं चूकते। उनका जीवन इसी पवित्र संघर्ष का प्रतीक है और उनकी शाइरी इसी का संगीत।

फ़ैज़ की शाइरी मानव की असीम शक्ति और कोमलता और भोलेपन और पवित्रता की रक्षा की आवाज़ है, जो क़ैदख़ानों की सलाखों से भी छन जाती है और फाँसी के फन्दों से भी गूँज उठती है।

फ़ैज़ की आवाज़ की लोकप्रियता का रहस्य यही है कि वह हमारे अन्दर की, हर व्यक्ति की अन्दर के, ईमानदार अन्तरात्मा की प्रतीक है। हममें हर व्यक्ति सामाजिक न्याय का अनुयायी है पर अपने में इतना साहस नहीं पाता कि उसके लिए आहुति दे सके। फ़ैज़ हम सबके अन्दर का अथाह दुःख और असीम गर्व महसूस करते हैं। दुख में ऐसा गर्व, ऐसा बाँकपन शायद ही किसी भाषा की कविता को प्राप्त हुआ हो।

फ़ैज़ ने एंक योद्धा का जीवन बिताया। उनको जिन्दगी भर सज़ा मिली तो इस बात की कि मौत, बदसूरती, सामाजिक अन्याय का व्यापार करनेवाले उनकी आत्मा के भीतर के सच्चे-खरे कवि और

भोले-भाले मानव को न खरीद सके, न उसे पराजित कर सके।

पहले रावल पिंडी साज़िश केस में उन्हें जेल भेजा गया। उससे छूटे तो थोड़े दिन बाद विदेश से स्वदेश लौटने पर वह फिर पकड़ लिये गए और उसके बाद कुछ साल बीत जाने पर आज कोई तीन साल से फ़ैज़ अपने प्यारे वतन से दूर वनवास में बेरुत में हैं। उनकी शाइरी हिम्मत, साहस, मानवता और सुन्दरता से प्यार और उसकी जीत पर विश्वास से जन्मी है और हर उस इनसान की आवाज़ बन जाती है जिसके दिल में यह भावनाएँ हैं तो सही, मगर वह इस बहादुरी के साथ उनके लिए जीवन की आहुति नहीं दे पाता। इसीलिए, फ़ैज़ की शाइरी हमारे अपने अन्दर छुपे हुए कवि की शाइरी है। सच्ची-खरी शाइरी—बनावट से दूर, और दुख के बाँकपन और गर्व से भरपूर।

उनकी नई कविताओं के हिन्दी और उर्दू में प्रकाशन के स्वागत के लिए यही शब्द बहुत हैं। आगे तो दिल का मुआमला है। हर एक उसे अपने सन्दर्भ, विवेक और भावना के दर्पण में देखेगा।

—प्रोफेसर मुहम्मद हसन

जवाहरलाल नेहरू विश्वविद्यालय
नई दिल्ली, 28 अक्टूबर, 1981

अनुक्रम

कुछ फ़ैज़ के बारे में *5*

दिले-मन मुसाफ़िरे-मन 13
फूल मुरझा गए हैं सारे 17
कोई आशिक़ किसी महबूबा से 19
मख़दूम की याद में-1 23
मख़दूम की याद में-2 25
एक दक्खनी ग़ज़ल 27
यब्क़ा वजह-ए-रब्बका 29
मंज़र 33
दो नज़्में 35
लाओ तो क़त्लनामा मिरा 43
सहल यूँ राह-ए-ज़िन्दगी की है 45
तीन आवाज़ें 47
ये मातम-ए-वक़्त की घड़ी है 53
हम तो मजबूर-ए-वफ़ा हैं 59
ग़ज़ल 61
मक़्तल में न मस्जिद न ख़राबात में कोई 63
पेरिस 65
क़व्वाली 67
क्या करें 71
फ़लिस्तीनी शुहदा जो परदेस में काम आये 75
फ़लिस्तीनी बच्चे के लिए लोरी 77
नज़्र-ए-हाफ़िज़ 81
मेरे मिलने वाले 83

गाँव की सड़क 87
अब के बरस 89
ग़म-ब-दिल शुक्र-ब-लब 91
वो बुतों ने डाले हैं वसवसे 93
सितम सिखलायेगा रस्म-ए-वफ़ा 95
अपने इनूआम-ए-हुस्न के बदले 97
गीत 99
जो मेरा तुम्हारा रिश्ता है 101
इश्क़ अपने क़ैदियों को पा-ब-जौलाँ ले चलो 103
ये किस दयार-ए-अदम में... 107
हम मुसाफ़िर यूँ ही मसरूफ़-ए-सफ़र जाएँगे 111
ग़ज़ल 113
ग़ज़ल 115
एक तराना पंजाबी किसान के लिए 117
एक नग़्मा तारिकीन-ए-वतन के लिए 121

मेरे दिल मेरे मुसाफ़िर

جو میرا تمہارا رشتہ ہے

میں کیا لکھوں کہ جو میرا تمہارا رشتہ ہے
وہ عاشقی کی زباں میں کہیں بھی درج نہیں
لکھا گیا ہے بہت لطفِ وصل و دردِ فراق
مگر یہ کیفیت اپنی رقم نہیں ہے کہیں
یہ اپنا عشق ہم آغوش جس میں ہجر و وصال
یہ اپنا درد کہ ہے کب سے ہمدمِ مہ و سال
اس عشقِ خاص کو ہر ایک سے چھپائے ہوئے
گزر گیا ہے زمانہ گلے لگائے ہوئے

تاشقند

फ़ैज़ की हस्तलिपि में एक कविता

دلِ من مسافرِ من

مرے دل، مرے مسافر
ہوا پھر سے حکم صادر
کہ وطن بدر ہوں ہم تم
دیں گلی گلی صدائیں
کریں رُخ نگر نگر، کا
کہ سراغ کوئی پائیں
کسی یارِ نامہ بر کا
ہر اِک اجنبی سے پوچھیں
جو پتہ تھا اپنے گھر کا
سرِ کوئے ناشنایاں
ہمیں دن سے رات کرنا

दिले-मन मुसाफ़िरे-मन

मिरे दिल, मिरे मुसाफ़िर
हुआ फिर से हुक्म सादिर[1]
कि वतन-बदर[2] हों हम तुम
दें गली-गली सदाएँ
करें रुख़ नगर-नगर का
कि सुराग़ कोई पाएँ
किसी यार-ए-नामा-बर[3] का
हर इक अजनबी से पूछें
जो पता था अपने घर का
सर-ए-कू-नाशनायाँ[4]
हमें दिन से रात करना।

---

1. घोषित, 2. देश-निकाला, 3. पत्रवाहक, 4. अजनबी गलियों में

کبھی اِس سے بات کرنا
کبھی اُس سے بات کرنا
''تمھیں کیا کہوں کہ کیا ہے
شبِ غم بُری بَلا ہے''
ہمیں یہ بھی تھا غنیمت
جو کوئی شمار ہوتا
''ہمیں کیا بُرا تھا مرنا
اگر ایک بار ہوتا''

لندن، ۱۹۷۸ء

कभी इस से बात करना
कभी उस से बात करना
"तुम्हें क्या कहूँ कि क्या है
शब-ए-ग़म बुरी बला है"
हमें ये भी था ग़नीमत
जो कोई शुमार होता
"हमें क्या बुरा था मरना
अगर एक बार होता।"

लन्दन, 1978

پھول مُرجھا گئے ہیں سارے

پھول مُرجھا گئے ہیں سارے
تھمتے نہیں آسمانوں کے آنسو
شمعیں بے نور ہوگئی ہیں
آئینے چور ہوگئے ہیں
ساز سب بج کے کھو گئے ہیں
پایلیں بُجھ کے سو گئی ہیں
اور ان بادلوں کے پیچھے
دُور اِس رات کا دُلارا
درد کا ستارا
ٹمٹما رہا ہے
جھنجھنا رہا ہے
مُسکرا رہا ہے

لندن، ۱۹۷۸ء

फूल मुरझा गए हैं सारे

फूल मुरझा गए हैं सारे
थमते नहीं हैं आस्माँ के आँसू
शमएँ बेनूर हो गई हैं
आईने चूर हो गए हैं
साज़ सब बज के खो गए हैं
पायलें बुझ के सो गई हैं
और उन बादलों के पीछे
दूर इस रात का दुलारा
दर्द का सितारा
टिमटिमा रहा है
झनझना रहा है
मुस्कुरा रहा है।

लन्दन, 1978

کوئی عاشق کسی محبوبہ سے

گلشنِ یاد میں گر آج دمِ بادِ صبا
پھر سے چاہے کہ گل افشاں ہو تو ہو جانے دو
عمرِ رفتہ کے کسی طاق پہ بسرا ہوا درد
پھر سے چاہے کہ فروزاں ہو تو ہو جانے دو
جیسے بیگانہ سے اب ملتے ہو ویسے ہی سہی
آؤ دو چار گھڑی میرے مقابل بیٹھو
گرچہ مل بیٹھیں گے ہم تم تو ملاقات کے بعد
اپنا احساسِ زیاں اور زیادہ ہوگا
ہم سخن ہوں گے جو ہم دونوں تو ہر بات کے بیچ
اَن کہی بات کا موہوم سا پردہ ہوگا
کوئی اقرار نہ میں یاد دلاؤں گا نہ تم
کوئی مضمون وفا کا نہ جفا کا ہوگا

कोई आशिक़ किसी महबूबा से

गुलशन-ए याद में गर आज दम-ए-बाद-ए-सबा[1]
फिर से चाहे कि गुल-अफ़्शाँ[2] हो तो हो जाने दो
उम्र-ए-रफ़्ता[3] के किसी ताक़ पे बिसरा हुआ दर्द
फिर से चाहे कि फ़रोज़ाँ[4] हो तो हो जाने दो
जैसे बेगाने से अब मिलते हो वैसे ही सही
आओ दो-चार घड़ी मेरे मुक़ाबिल बैठो
गरचे मिल बैठेंगे हम तुम तो मुलाक़ात के बाद
अपना एहसास-ए-ज़ियाँ[5] और ज़ियादा होगा
हम-सुख़न[6] होंगे जो हम दोनों तो हर बात के बीच
अनकही बात का मौहूम[7] सा पर्दा होगा
कोई इक़रार न मैं याद दिलाऊँगा न तुम
कोई मज़्मून वफ़ा का न जफ़ा का होगा

---

1. पवन का झोंका, 2. फूल बिखराना, 3. बीती हुई उम्र, 4. प्रकाशमान, 5. खोने की अनुभूति, 6. एक दूसरे से बात करते हुए, 7. आशंकित, हलका-सा

گردِ ایّام کی تحریر کو دھونے کے لیے
تم سے گویا ہوں دمِ دید جو میری پلکیں
تم جو چاہو تو سنو،

اور جو نہ چاہو نہ سنو
اور جو حرف کریں مجھ سے گریزاں آنکھیں
تم جو چاہو تو کہو

اور جو چاہو نہ کہو

لندن، ۱۹۷۸ء

गर्द-ए-अय्याम[8] की तहरीर[9] को धोने के लिए
तुमसे गोया हों दम-ए-दीद[10] जो मेरी पलकें
तुम जो चाहो तो सुनो
      और जो न चाहो न सुनो
और जो हर्फ़ करें मुझसे गुरेज़ाँ[11] आँखें
तुम जो चाहो तो कहो
      और जो न चाहो न कहो।

लन्दन, 1978

---

8. युग, 9. लिखावट, 10. देखते समय, 11. भागना, बचना

دو غزلیں

مخدوم کی یاد میں

(۱)

''آپ کی یاد آتی رہی رات بھر''
چاندنی دل دکھاتی رہی رات بھر

گاہ جلتی ہوئی، گاہ بجھتی ہوئی
شمعِ غم جھلملاتی رہی رات بھر

کوئی خوشبو بدلتی رہی پیرہن
کوئی تصویر گاتی رہی رات بھر

پھر صَبا سایۂ شاخِ گل کے تلے
کوئی قصہ سناتی رہی رات بھر

جو نہ آیا اُسے کوئی زنجیرِ دَر
ہر صدا پر بلاتی رہی رات بھر

ایک امید سے دل بہلتا راہ
اِک تمنّا ستاتی رہی رات بھر

ماسکو، ستمبر ۱۹۷۸

दो ग़ज़लें

मख़दूम* की याद में-1

"आपकी याद आती रही रात भर"
चाँदनी दिल दुखाती रही रात भर
गाह जलती हुई, गाह बुझती हुई
शम-ए-ग़म झिलमिलाती रही रात भर
कोई ख़ुशबू बदलती रही पैरहन[1]
कोई तस्वीर गाती रही रात भर
फिर सबा[2] साय-ए-शाख़-ए-गुल[3] के तले
कोई क़िस्सा सुनाती रही रात भर
जो न आया उसे कोई ज़ंजीर-ए-दर[4]
हर सदा पर बुलाती रही रात भर
एक उम्मीद पर दिल बहलता रहा
इक तमन्ना सताती रही रात भर

मास्को, 1978

---

*उर्दू के मशहूर कवि, जिन्होंने तेलंगाना आन्दोलन में हिस्सा लिया था। उन्हीं की दो ग़ज़लों से प्रेरित होकर फ़ैज़ साहब ने ये दो ग़ज़लें लिखी हैं।

1. कुर्ता, वस्त्र, 2. रात का आख़िरी पहर, पिछली रात, 3. गुलाब की टहनी की छाया, 4. दरवाज़े की साँकल

(۲)

''اُسی انداز سے چل بادِ صبا آخرِ شب''

یاد کا پھر کوئی دروازہ کھُلا آخرِ شب

دل میں بکھری کوئی خوشبوئے قبا آخرِ شب

صبح پھوٹی تو وہ پہلو سے اُٹھا آخرِ شب

وہ جو اک عمر سے آیا نہ گیا آخرِ شب

چاند سے ماند ستاروں نے کہا آخرِ شب

کون کرتا ہے وفا عہد وفا آخرِ شب

لمسِ جانانہ لیے، مستیِ پیمانہ لیے

حمد باری کو اٹھے دستِ دعا آخرِ شب

گھر جو ویراں تھا سرِشام وہ کیسے کیسے

فرقتِ یار نے آباد کیا آخرِ شب

جس ادا سے کوئی آیا تھا کبھی اوّلِ صبح

''اُسی انداز سے چل بادِ صبا آخر شب''

ماسکو، اکتوبر ۱۹۷۸ء

मख़दूम की याद में-2

"उसी अन्दाज़ से चल बाद-ए-सबा[1] आख़िर-ए-शब[2]"
याद का फिर कोई दरवाज़ा खुला आख़िर-ए-शब
दिल में बिखरी कोई ख़ुशबू-ए-क़बा[3] आख़िर-ए-शब
सुब्ह फूटी तो वो पहलू से उठा आख़िर-ए-शब
वो जो इक उम्र से आया न गया आख़िर-ए-शब
चाँद से माँद सितारों ने कहा आख़िर-ए-शब
कौन करता है वफ़ा अह्दे-वफ़ा[4] आख़िर-ए-शब
लम्स-ए-जानानाँ[5] लिये, मस्ती-ए-पैमाना[6] लिये
हम्दे-बारी[7] को उठे दस्ते-दुआ[8] आख़िर-ए-शब
घर जो वीराँ था सरे-शाम[9] वो कैसे कैसे
फ़ुर्क़त-ए-यार[10] ने आबाद किया आख़िर-ए-शब
जिस अदा से कोई आया था कभी अव्वल-ए-सुब्ह
"उसी अन्दाज़ से चल बाद-ए-सबा आख़िर-ए-शब।"

मास्को, अक्तूबर 1978

---

1. पवन, 2. रात का आख़िरी पहर, 3. वस्त्र की सुगन्ध, 4. वफ़ा की प्रतिज्ञा, 5. प्रेमिका का स्पर्श, 6. शराब के प्याले की मस्ती, 7. ख़ुदा की महिमा, ईशगान, 8. प्रार्थना के लिए हाथ उठाना, 9. सन्ध्या-वेला, 10. प्रेमिका से विरह

ایک دکنی غزل

کچھ پہلے اِن آنکھوں آگے کیا کیا نہ نظارا گزرے تھا
کیا روشن ہوجاتی گلی جب یار ہمارا گزرے تھا

تھے کتنے اچھے لوگ کہ جن کو اپنے غم سے فرصت تھی
سب پوچھیں تھے احوال جو کوئی درد کا مارا گزرے تھا

اب کے تو خزاں ایسی ٹھہری وہ سارے زمانے بھول گئے
جب موسمِ گل ہر پھیرے میں آ آ کے دوبارہ گزرے تھا

تھی یاروں کی بہتات تو ہم اغیار سے بھی بیزار نہ تھے
جب مِل بیٹھے تو دشمن کا بھی ساتھ گوارا گزرے تھا

اب تو ہاتھ سجھائی نہ دیوے، لیکن اب سے پہلے تو
آنکھ اٹھتے ہی ایک نظر میں عالم سارا گزرے تھا

ماسکو، اکتوبر ۱۹۷۸ء

एक दक्खनी ग़ज़ल

कुछ पहले इन आँखों आगे क्या क्या न नज़ारा गुज़रे था
क्या रौशन हो जाती थी गली जब यार हमारा गुज़रे था
थे कितने अच्छे लोग कि जिनको अपने ग़म से फ़ुर्सत थी
सब पूछें थे अहवाल[1] जो कोई दर्द का मारा गुज़रे था
अब के तो ख़िज़ाँ[2] ऐसी ठहरी वो सारे ज़माने भूल गए
जब मौसम-ए-गुल[3] हर फेरे में आ आ के दुबारा गुज़रे था
थी यारों की बुहतात तो हम अग़यार[4] से भी बेज़ार न थे
जब मिल बैठे तो दुश्मन का भी साथ गवारा[5] गुज़रे था
अब तो हाथ सुझाइ न देवे लेकिन अब से पहले तो
आँख उठते ही एक नज़र में आलम सारा गुज़रे था।

मास्को, अक्तूबर 1978

---

1. दशा, परिस्थिति, 2. पतझड़, 3. बसन्त, बहार, 4. ग़ैर, दुश्मन, 5. सहन करना

وَیبقیٰ وَجہُ رَبّک

ہم دیکھیں گے
لازم ہے کہ ہم بھی دیکھیں گے
وہ دن کہ جس کا وعدہ ہے
جو لوحِ ازل میں لکھا ہے
جب ظلم وستم کے کوہ گراں
رُوئی کی طرح اُڑ جائیں گے
ہم محکوموں کے پاؤں تلے
جب دھرتی دھڑ دھڑ دھڑکے گی
اور اہل حکم کے سر اوپر
جب بجلی کڑ کڑ کڑکے گی
جب ارضِ خُدا کے کعبے سے
سب بُت اٹھوائے جائیں گے

यब्क़ा वजह-ए-रब्बका[1]

हम देखेंगे
लाज़िम है कि हम भी देखेंगे
वो दिन कि जिसका वादा है
जो लौह-ए-अज़ल[2] में लिक्खा है
जब ज़ुल्म-ओ-सितम के कोह-ए-गराँ[3]
रुई की तरह उड़ जाएँगे
हम महकूमों[4] के पाओं तले
जब धरती धड़ धड़ धड़केगी
और अहल-ए-हकम[5] के सर ऊपर
जब बिजली कड़ कड़ कड़केगी
जब अर्ज़-ए-ख़ुदा[6] के का'बे से
सब बुत उठवाए जाएँगे

---

1. केवल वही सदा रहेगा, 2. वह तख़्ती जिस पर पहले ही दिन सबकी क़िस्मत अंकित कर दी गई, 3. भारी पहाड़, 4. शोषितों, 5. सत्तारूढ़, 6. ख़ुदा की धरती

ہم اہلِ صفا، مردودِ حرم
مسند پہ بٹھائے جائیں گے
سب تاج اُچھالے جائیں گے
سب تخت گرائے جائیں گے
بس نام رہے گا اللہ کا
جو غائب بھی ہے حاضر بھی
جو منظر بھی ہے ناظر بھی
اٹھے گا انا الحق کا نعرہ
جو میں بھی ہوں اور تم بھی ہو
اور راج کرے گی خلقِ خدا
جو میں بھی ہوں اور تم بھی ہو

امریکہ، جنوری ۱۹۷۹ء

हम अहल-ए-सफ़ा[7], मरदूर-ए-हरम[8]
मसनद पे बिठाए जाएँगे
सब ताज उछाले जाएँगे
सब तख़्त गिराए जाएँगे
बस नाम रहेगा अल्लाह का
जो ग़ाइब भी है हाज़िर भी
जो मंज़र[9] भी है नाज़िर[10] भी
उट्ठेगा 'अनल हक़'[11] का नारा
जो मैं भी हूँ और तुम भी हो
और राज करेगी ख़ल्क़-ए-ख़ुदा[12]
जो मैं भी हूँ और तुम भी हो।

अमरीका, जनवरी 1979

---

7. पवित्र, खरे लोग, 8. जिनकी कट्टरपन्थियों ने निन्दा की, 9. देखा जानेवाला, दृश्य, 10. दर्शक, 11. 'मैं सत्य हूँ' (प्रसिद्ध सूफ़ी सन्त मंसूर की उक्ति, जिसे उसकी इस घोषणा के कारण ही फाँसी पर लटकाया गया था), 12. प्रजा, जन

منظر

آسماں آج اِک بحرِ پُرشور ہے
جس میں ہر سُو رواں بادلوں کے جہاز
ان کے عرشے پہ کرنوں کے مستول ہیں
بادبانوں کے پہنے ہوئے فرغلیں
نیل میں گنبدوں کے جزیرے کئی
ایک بازی میں مصروف ہے ہر کوئی
ابابیل کوئی نہاتی ہوئی
کوئی چیل غوطے میں جاتی ہوئی
کوئی طاقت نہیں اس میں زور آزما
کوئی بیڑا نہیں ہے کسی ملک کا
اس کی تہ میں کوئی آبدوزیں نہیں
کوئی راکٹ نہیں، کوئی توپیں نہیں
یوں تو سارے عناصر ہیں یاں زور میں
امن کتنا ہے اس بحرِ پُرشور میں

سمرقند، مارچ ۱۹۷۸ء

मंज़र

आस्माँ आज इक बह्र-ए-पुरशोर[1] है
जिसमें हर सू रवाँ बादलों के जहाज़
उनके अर्शे[2] पे किरनों के मस्तूल हैं
बादबानों की पहने हुए फ़र्गुलें[3]
नील में गुम्बदों के जज़ीरे कई
एक बाज़ी में मसरूफ़[4] है हर कोई
अबाबील कोई नहाती हुई
कोई चील ग़ोते में जाती हुई
कोई ताक़त नहीं इसमें ज़ोर-आज़मा[5]
कोई बेड़ा नहीं है किसी मुल्क का
इसकी तह में कोई आबदोजें[6] नहीं
कोई रॉकेट नहीं, कोई तोपें नहीं
यूँ तो सारे अनासिर[7] हैं याँ ज़ोर में
अम्न कितना है इस बहर-ए-पुर-शोर में।

समरकन्द, मार्च 1978

---

1. शोर-भरा समुद्र, 2. डैक, 3. रूईदार वस्त्र, ढीला-ढाला कुर्ता, 4. व्यस्त, 5. शक्ति-परीक्षक, 6. पनडुब्बी, 7. तत्त्व

دو نظمیں

قفقاز کے شاعر قاسن قلی سے ماخوذ

(۱)

شاعر لوگ

ہر اک دور میں ہم، ہر زمانے میں ہم
زہر پیتے رہے، گیت گاتے رہے
جان دیتے رہے زندگی کے لیے
ساعتِ وصل کی سرخوشی کے لیے
دین و دنیا کی دولت لٹاتے رہے
فقر و فاقہ کا توشہ سنبھالے ہوئے
جو بھی رستہ چُنا اس پہ چلتے رہے
مال والے حقارت سے تکتے رہے

दो नज़्में

क़फ़क़ाज़ के शाइर क़ासिन क़ुली से माख़ूज़

(1)

शाइर लोग

हर इक दौर में हम, हर ज़माने में हम
ज़हर पीते रहे, गीत गाते रहे
जान देते रहे ज़िन्दगी के लिए
साअत-ए-वस्ल[1] की सरख़ुशी[2] के लिए
दीन-ओ-दुनिया की दौलत लुटाते रहे
फ़क्र-ओ-फ़ाक़ा[3] का तोशा[4] सँभाले हुए
जो भी रस्ता चुना उस पे चलते रहे
माल वाले हिक़ारत[5] से तकते रहे

---

1. मिलन की घड़ी, 2. मस्ती की चरम सीमा, 3. निर्धनता और भूख, 4. सामग्री, 5. घृणा

طعن کرتے رہے، ہاتھ ملتے رہے
ہم نے ان پر کیا حرفِ حق سنگ زن
جن کی ہیبت سے دنیا لرزتی رہی
جن پہ آنسو بہانے کو کوئی نہ تھا
اپنی آنکھ ان کے غم میں برستی رہی
سب سے اوجھل ہوئے حکمِ حاکم پہ ہم
قید خانے سہے، تازیانے سہے
لوگ سنتے رہے سازِ دل کی صدا
اپنے نغمے سلاخوں سے چھنتے رہے
خونچکاں دہر کا خونچکاں آئینہ
دُکھ بھری خلق کا دُکھ بھرا دل ہیں ہم
طبعِ شاعر ہے جنگاہِ عدل و ستم
منصفِ خیر و شر، حق و باطل ہیں ہم

तान[6] करते रहे हाथ मलते रहे
हमने उन पर किया हर्फ़-ए-हक़[7] संग-ज़न[8]
जिन की हैबत[9] से दुनिया लरज़ती रही
जिन पे आँसू बहाने को कोई न था
अपनी आँख उनके ग़म में बसरती रही
सबसे ओझल हुए हुक्म-ए-हाकिम पे हम
क़ैदख़ाने सहे ताज़याने[10] सहे।
लोग सुनते रहे साज़-ए-दिल की सदा
अपने नग़्मे सलाख़ों से छनते रहे
ख़ूँचकाँ[11] दहर[12] का ख़ूँचकाँ आईना
दुख भरी ख़ल्क़[13] का दुख भरा दिल हैं हम
तब्ए-शाइर[14] हैं जंगाह-ए-अद्ल-ओ-सितम[15]
मुन्सिफ़-ए-ख़ैर-ओ-शर[16], हक़्क़-ओ-बातिल[17] हैं हम।

---

6. व्यंग्य, 7. सत्य-वचन, 8. पत्थर मारनेवाला, 9. भय, 10. कोड़े 11. खून टपकाना, 12. ज़माना, 13. जनता, 14. अन्तरात्मा के कवि, 15. ज़ुल्म और इन्साफ़ की रणभूमि, 16. अच्छाई और बुराई के बीच इन्साफ़ करनेवाला, 17. सत्य और असत्य

(۲)

شوپیں* کا نغمہ بجتا رہا

چھلنی ہے اندھیرے کا سینہ، برکھا کے بھالے برسے ہیں
دیواروں کے آنسو ہیں رواں، گھر خاموشی میں ڈوبے ہیں
پانی میں نہائے ہیں بوٹے
گلیوں میں ہُو کا پھیرا ہے
شوپیں کا نغمہ بجتا ہے
اک غمگین لڑکی کے چہرے پر چاند کی زردی چھائی ہے
جو برف گری تھی اِس پہ لہو کے چھینٹوں کی رشنائی ہے
خوں کا ہر داغ دمکتا ہے
شوپیں کا نغمہ بجتا ہے
کچھ آزادی کے متوالے، جاں کف میں لیے میداں میں گئے
ہر سُو دشمن کا نرغہ تھا، کچھ بچ نکلے، کچھ کھیت رہے

---

* شوپیں Chopin پولینڈ کا ممتاز نغمہ ساز۔

(2)

शोपेन* का नग़्मा बजता है

छलनी है अँधेरे का सीना, बरखा के भाले बरसे हैं
दीवारों के आँसू हैं रवाँ, घर ख़ामोशी में डूबे हैं
पानी में नहाए हैं बूटे
गलियों में हू का फेरा है
शोपेन का नग़्मा बजता है

इक ग़मगीं लड़की के चेहरे पर चाँद की ज़र्दी छाई है
जो बर्फ़ गिरी थी इस पे लहू के छींटों की रुशनाई है
ख़ूँ का हर दाग़ दमकता है
शोपेन का नग़्मा बजता है

कुछ आज़ादी के मतवाले, जाँ कफ़[1] में लिये मैदाँ में गए
हर सू दुश्मन का नग़ा[2] था, कुछ बच निकले, कुछ खेत रहे।

---

* Chopin, पोलैंड का प्रसिद्ध संगीतकार

1. हथेली, 2. घेरा

عالم میں ان کا شہرہ ہے
شوپیں کا نغمہ بجتا ہے
اک کونج کو سکھیاں چھوڑ گئیں آکاش کی نیلی راہوں میں
وہ یاد میں تنہا روتی تھی، لپٹائے اپنی بانہوں میں
اک شاہیں اس پر جھپٹا تھا
شوپیں کا نغمہ بجتا ہے
غم نے سانچے میں ڈھالا ہے
اک باپ کے پتھر چہرے کو
اک مُردہ بیٹے کے ماتھے کو
اک ماں نے رو کر چوما ہے
شوپیں کا نغمہ بجتا ہے
پھر پھولوں کی رُت لوٹ آئی
اور چاہنے والوں کی گردن میں جھولے ڈالے بانہوں نے
پھر جھرنے ناچے چھن چھن چھن چھن
اب بادل ہے نہ برکھا ہے
شوپیں کا نغمہ بجتا ہے

ماسکو، ۱۹۷۹ء

आलम[3] में उनका शुहरा[4] है
शोपेन का नग़्मा बजता है
इक कूँज को सखियाँ छोड़ गईं आकाश की नीली राहों में
वो शाद में तनहा रोती थी, लिपटाए अपनी बाँहों में
इक शाहीं[5] उस पर झपटा है
शोपेन का नग़्मा बजता है

ग़म ने साँचे में ढाला है
इक बाप के पत्थर चेहरे को
इक मुर्दा बेटे के माथे को
इक माँ ने रोकर चूमा है
शोपेन का नग़्मा बजता है

फिर फूलों की रुत लौट आई
और चाहनेवालों की गर्दन में झूले डाले बाँहों ने
फिर झरने नाचे छन छन छन छन
अब बादल है ना बरखा है
शोपेन का नग़्मा बजता है।

मास्को, 1979

---

3. संसार, 4. प्रसिद्धि, 5. बाज़ की तरह का एक पक्षी

لاؤ تو قتل نامہ مرا

سننے کو بھیڑ ہے سرِ محشر لگی ہوئی
تہمت تمھارے عشق کی ہم پر لگی ہوئی
رندوں کے دم سے آتشِ مے کے بغیر بھی
ہے میکدہ میں آگ برابر لگی ہوئی
آباد کرکے شہرِ خموشاں ہر ایک سو
کس کھوج میں ہے تیغِ ستمگر لگی ہوئی
آخر کو آج اپنے لہو پر ہوئی تمام
بازی میانِ قاتل و خنجر لگی ہوئی
لاؤ تو قتل نامہ مرا میں بھی دیکھ لوں
کِس کِس کی مہر ہے سرِ محضر لگی ہوئی

लाओ तो क़त्लनामा मिरा

सुनने को भीड़ है सर-ए-महशर[1] लगी हुई
तुहमत[2] तुम्हारे इश्क़ की हम पर लगी हुई
रिन्दों[3] के दम से आतश-ए-मय[4] के बग़ैर भी
है मयकदे में आग बराबर लगी हुई
आबाद करके शहर-ए-ख़ामोशाँ[5] हर एक सू
किस खोज में है तेग़-ए-सितमगर[6] लगी हुई
आख़िर को आज अपने लहू पर हुई तमाम
बाज़ी मियान-ए-क़ातिल-ओ-ख़ंजर[7] लगी हुई
लाओ तो क़त्लनामा मिरा, गैं भी देख लूँ
किस-किस की मुहूर है सर-ए-महज़र[8] लगी हुई।

---

1. प्रलय के दिन, 2. आरोप, 3. शराबी, मस्त, 4. शराब की आग, 5. क़ब्रिस्तान, सन्नांटे का नगर, 6. ज़ालिम की तलवार, 7. क़ातिल और ख़ंजर के बीच, 8. आज्ञापत्र पर

سہل یوں راہِ زندگی کی ہے

سہل یوں راہِ زندگی کی ہے
ہر قدم ہم نے عاشقی کی ہے
ہم نے دل میں سجا لیے گلشن
جب بہاروں نے بے رُخی کی ہے
زہر سے دھو لیے ہیں ہونٹ اپنے
لطفِ ساقی نے جب کمی کی ہے
تیرے کوچے میں بادشاہی کی
جب سے نکلے گداگری کی ہے
بس وہی سُرخ رُو ہوا جس نے
بحرِ خوں میں شناوری کی ہے
''جو گزرتے تھے داغ پر صدمے''
اب وہی کیفیت سبھی کی ہے

لندن، ۱۹۷۹ء

सहल यूँ राह-ए-ज़िन्दगी की है

सहल[1] यूँ राह-ए-ज़िन्दगी की है
हर क़दम हमने आशिक़ी की है
हमने दिल में सजा लिये गुलशन
जब बहारों ने बेरुख़ी की है
ज़हर से धो लिये हैं होंट अपने
लुत्फ़-ए-साक़ी[2] ने जब कमी की है
तेरे कूचे में बादशाही की
जब से निकले गदागरी[3] की है
बस वही सुर्ख़रू[4] हुआ जिसने
बहर-ए-ख़ूँ में शनावरी[5] की है
''जो गुज़रते थे दाग़ पर सदमे''
अब वही कैफ़ियत सभी की है।

लन्दन, 1979

---

1. आसान, 2. साक़ी की मेहरबानी, 3. भीख माँगना, 4. सफल, 5. तैरना

تین آوازیں

ظالِم

جشن ہے ماتمِ امّید کا آؤ لوگو
مرگِ انبوہ کا تہوار مناؤ لوگو
عدم آباد کو آباد کیا ہے میں نے
تم کو دن رات سے آزاد کیا ہے میں نے
جلوۂ صبح سے کیا مانگتے ہو
بسترِ خواب سے کیا چاہتے ہو
ساری آنکھوں کو تہِ تیغ کیا ہے میں نے
سارے خوابوں کا گلا گھونٹ دیا ہے میں نے
اب نہ لہکے گی کسی شاخ پہ پھولوں کی حِنا
فصلِ گل آئے گی نمرود کے انگار لیے

तीन आवाज़ें

ज़ालिम

जश्न है मातम-ए-उम्मीद[1] का आओ लोगो
मर्ग-ए-अम्बोह[2] का त्योहार मनाओ लोगो
अदमाबाद[3] को आबाद किया है मैंने
तुम को दिन रात से आज़ाद किया है मैंने
जलवा-ए-सुब्ह से क्या माँगते हो
बिस्तर-ए-ख़्वाब से क्या चाहते हो
सारी आँखों को तह-ए-तेग़[4] किया है मैंने
सारे ख़्वाबों का गला घोंट दिया है मैंने
अब न लहकेगी किसी शाख़ पे फूलों की हिना[5]
फ़स्ल-ए-गुल आएगी नमरूद[6] के अंगार लिये

---

1. उम्मीद का मातम, 2. बहुत लोगों की मृत्यु, 3. परलोक, 4. तलवार से मारना, 5. मेहँदी, 6. एक ज़ालिम बादशाह

اب نہ برسات میں برسے گی کہر کی برکھا
ابر آئے گا خس و خار کے انبار لیے
میرا مسلک بھی نیا راہِ طریقت بھی نئی
میرے قانوں بھی نئے میری شریعت بھی نئی
اب فقیہانِ حرم دستِ صنم چومیں گے
سرو قد مٹی کے بونوں کے قدم چومیں گے
فرش پر آج درِ صدق و صفا بند ہوا
عرش پر آج ہر اک بابِ دُعا بند ہوا

مظلوم

رات چھائی تو ہر اک درد کے دھارے چھوٹے
صبح پھوٹی تو ہر اک زخم کے ٹانکے ٹوٹے
دو پہر آئی تو ہر رگ نے لہو برسایا
دِن ڈھلا، خوف کا عفریت مقابل آیا
یا خدا یہ مری گردانِ شب و روز و سحر
یہ مری عمر کا بے منزل و آرام سفر
کیا یہی کچھ مری قسمت میں لکھا ہے تو نے
ہر مسرّت سے مجھے عاق کیا ہے تو نے
وہ یہ کہتے ہیں تو خوشنود ہر اک ظلم سے ہے
وہ یہ کہتے ہیں ہر اک ظلم ترے حکم سے ہے

अब न बरसात में बरसेगी गुहर[7] की बरखा
अब आएगा ख़स-ओ-ख़ार[8] के अम्बार लिये
मेरा मसूलक[9] भी नया राह-ए-तरीक़त[10] भी नई
मेरे क़ानूँ भी नए मेरी शरीअत[11] भी नई
अब फ़क़ीहान-ए-हरम[12] दस्त-ए-सनम[13] चूमेंगे
सर्व-क़द[14] मिट्टी के बौनों के क़दम चूमेंगे
फ़र्श पर आज दर-ए-सिद्क़-ओ-सफ़ा[15] बन्द हुआ
अर्श[16] पर आज हर इक बाब-ए-दुआ[17] बन्द हुआ।

मज़्लूम[18]

रात छाई तो हर इक दर्द के धारे छूटे
सुब्ह फटी तो हर इक ज़ख़्म के टाँके टूटे
दोपहर आई तो हर रग ने लहू बरसाया
दिन ढला, ख़ौफ़ का अफ़रीत[19] मुक़ाबिल आया
या ख़ुदा ये मेरी गर्दान-ए-शब-ओ-रोज़-ओ-सहर[20]
ये मिरी उम्र का बे-मंज़िल-ओ-आराम सफ़र
क्या यही कुछ मिरी क़िस्मत में लिखा है तूने
हर मसर्रत[21] से मुझे आक़[22] किया है तूने
वो ये कहते हैं तो ख़ुशनूद[23] हर इक ज़ुल्म से है
वो ये कहते हैं हर इक ज़ुल्म तिरे हुक्म से है

---

7. मोती, 8. कूड़ा-करकट, घास-फूस और काँटे, 9. तरीक़ा, 10. भक्ति का रास्ता, 11. रीति, 12. मौलवी, 13. मूर्तियों के साथ, 14. लम्बे क़दवाले, 15. सत्य एवं पवित्रता का द्वार, 16. वह जगह जहाँ ख़ुदा रहता है, 17. दुआ का दरवाज़ा, 18. शोषित, 19. भूत, 20. रात और दिन का चक्र, 21. ख़ुशी, 22. वंचित, 23. सन्तुष्ट, ख़ुशी,

گر یہ سچ ہے تو ترے عدل سے انکار کروں؟
ان کی مانوں کہ تری ذات کا اقرار کروں؟

ندائے غیب

ہر اِک اولی الامر کو صدا دو
کہ اپنی فردِ عمل سنبھالے
اُٹھے گا جب جمّ سرفروشاں
پڑیں گے دارورسن کے لالے
کوئی نہ ہوگا کہ جو بچا لے
جزا سزا سب یہیں پہ ہوگی
یہیں عذاب و ثواب ہوگا
یہیں سے اُٹھے گا شورِ محشر
یہیں پہ روزِ حساب ہوگا

سمرقند، مئی ۷۹ء

गर ये सच है तो तिरे अद्ल[24] से इन्कार करूँ?
उनकी मानूँ कि तिरी ज़ात का इक़रार[25] करूँ?

निदा-ए-ग़ैब[26]

हर इक उलुल-अम्र[27] को सदा दो
कि अपनी फ़र्द-ए-अमल[28] सँभाले
उठेगा जब जम्म-ए-सरफ़रोशाँ[29]
पड़ेंगे दार-ओ-रसन[30] के लाले
कोई न होगा कि जो बचा ले
जज़ा[31] सज़ा सब यहीं पे होगी
यहीं अज़ाब-ओ-सवाब[32] होगा
यहीं से उट्ठेगा शोर-ए-महशर[33]
यहीं पे रोज़-ए-हिसाब[34] होगा।

समरक़न्द, मई 1979

---

24. न्याय, 25. मान्यता, 26. आकाशवाणी, 27. सत्ताधारी, 28. कार्य-सूची, 29. बहादुरों की भीड़, 30. फाँसी, 31. पुरस्कार, 32. दण्ड और पुण्य, 33. प्रलय का शोर, 34. प्रलय का दिन

یہ ماتمِ وقت کی گھڑی ہے

ٹھہر گئی آسماں کی ندیا
وہ جا لگی ہے افق کنارے
اُداس رنگوں کی چاندنیّا
اتر گئے ساحلِ زمیں پر
سبھی کھویّا
تمام تارے
اکھڑ گئی سانس پتّیوں کی
چلی گئیں اونگھ میں ہوائیں
گجر بجا حکمِ خامشی کا
تو چپ میں گم ہوگئیں صدائیں
سحر کی گوری کی چھاتیوں سے
ڈھلک گئی تیرگی کی چادر
اور اِس بجائے

ये मातम-ए-वक़्त की घड़ी है

ठहर गई आसमाँ की नदिया
वो जा लगी है उफ़ुक़[1] किनारे
उदास रंगों की चाँद नैया
उतर गए साहिल-ए-ज़मीं पर
सभी खिवैया
तमाम तारे
उखड़ गई साँस पत्तियों की
चली गईं ऊँघ में हवाएँ
गजर बजा हुक्म-ए-ख़ामुशी का
तो चुप में गुम हो गईं सदाएँ
सहर की गोरी की छातियों से
ढलक गई तीरगी[2] की चादर
और इस बजाय

---

1. क्षितिज, 2. अँधेरा

بکھر گئے اس کے تن بدن پر
نراس تنہائیوں کے سائے
اور اس کو کچھ بھی خبر نہیں ہے
کسی کو کچھ بھی خبر نہیں ہے
کہ دن ڈھلے شہر سے نکل کر
کدھر کو جانے کا رُخ کیا تھا
نہ کوئی جادہ، نہ کوئی منزل
کسی مسافر کو
اب دماغِ سفر نہیں ہے
یہ وقت زنجیرِ روز و شب کی
کہیں سے ٹوٹی ہوئی کڑی ہے
یہ ماتمِ وقت کی گھڑی ہے
یہ وقت آئے تو بے ارادہ
کبھی کبھی میں بھی دیکھتا ہوں
اُتار کر ذات کا لبادہ
کہیں سیاہی ملامتوں کی
کہیں پہ گُل بوٹے الفتوں کے
کہیں لکیریں ہیں آنسوؤں کی
کہیں پہ خونِ جگر کے دھبّے
یہ چاک ہے پنجۂ عدو کا

बिखर गए उसके तन बदन पर
निरास तनहाइयों के साये
और उसको कुछ भी ख़बर नहीं है
किसी को कुछ भी ख़बर नहीं है
कि दिन ढले शहर से निकलकर
किधर को जाने का रुख़ किया था
न कोई जादा[3], न कोई मंज़िल
किसी मुसाफ़िर को
अब दिमाग़-ए-सफ़र[4] नहीं है
ये वक़्त ज़ंजीर-ए-रोज़-ओ-शब की
कहीं से टूटी हुई कड़ी है
ये मातम-ए-वक़्त की घड़ी है
ये वक़्त आए तो बेइरादा
कभी-कभी मैं भी देखता हूँ
उतार कर ज़ात[5] का लबादा
कहीं सियाही मलामतों की
कहीं पे गुल-बूटे उल्फ़तों के
कहीं लकीरें हैं आँसुओं की
कहीं पे ख़ून-ए-जिगर के धब्बे
ये चाक है पंजा-ए-अदू[6] का

3. रास्ता, 4. यात्रा का साहस, 5. अस्तित्व, 6. दुश्मन का पंजा

یہ مُہر ہے یارِ مہرباں کی
یہ لعل لب ہائے مہوشاں کے
یہ مرحمت شیخ بدزباں کی
مجھے یہ پیراہنِ دریدہ
یہ جامۂ روز و شب گزیدہ
عزیز بھی، ناپسند بھی ہے
کبھی یہ فرمانِ جوشِ وحشت
کہ نوچ کر اس کو پھینک ڈالو
کبھی یہ اصرارِ حرفِ اُلفت
کہ چوم کر پھر گلے لگالو

تاشقند، ۱۹۷۹ء

ये मुहूर है यार-ए-मेहूरवाँ की
ये लाल लब-हा-ए-महवशाँ[7] के
ये मरहमत[8] शेख़-ए-बद ज़बाँ की
मुझे ये पैराहन-ए-दरीदा[9]
ये जामा-ए-रोज़-ओ-शब गज़ीदा[10]
अज़ीज़ भी, नापसन्द भी है
कभी ये फ़र्मान-ए-जोश-ए-वहशत[11]
कि नोच कर इसको फेंक डालो
कभी ये इसरार-ए-हर्फ़-ए-उल्फ़त[12]
कि चूम कर फिर गले लगा लो।

ताशक़न्द, 1979

---

7. चाँद से चेहरेवालों के होंठ, 8. उपाधि, 9. फटे हुए कपड़े, 10. रात और दिन का डसा हुआ कपड़ा, 11. दीवानगी के जोश की आज्ञा, 12. आग्रह और प्यार के बोल

ہم تو مجبورِ وفا ہیں

تجھ کو کتنوں کا لہو چاہیے اے ارضِ وطن
جو ترے عارضِ بے رنگ کو گلنار کریں
کتنی آہوں سے کلیجہ ترا ٹھنڈا ہوگا
کتنے آنسو ترے صحراؤں کو گلزار کریں

تیرے ایوانوں میں پُرزے ہوئے پیماں کتنے
کتنے وعدے جو نہ آسودۂ اقرار ہوئے
کتنی آنکھوں کو نظر کھا گئی بدخواہوں کی
خواب کتنے تری شہ راہوں میں سنگسار ہوئے

''بلاکشانِ محبت پہ جو ہُوا سو ہُوا
جو مجھ پہ گزری مت اس سے کہو، ہُوا سو ہُوا
مبادا ہو کوئی ظالم ترا گریباں گیر
لہو کے داغ تو دامن سے دھو، ہُوا سو ہُوا''

ہم تو مجبورِ وفا ہیں مگر اے جانِ جہان
اپنے عشاق سے ایسے بھی کوئی کرتا ہے
تیری محفل کو خدا رکھے اَبد تک قائم
ہم تو مہماں ہیں گھڑی بھر کے ہمارا کیا ہے

हम तो मजबूर-ए-वफ़ा हैं

तुझको कितनों का लहू चाहिए ऐ अर्ज़-ए-वतन[1]
जो तिरे आरिज़-ए-बेरंग[2] को गुलनार[3] करें
कितनी आहों से कलेजा तिरा ठंडा होगा
कितने आँसू तिरे सहराओं[4] को गुलज़ार करें
तरे ऐवानों[5] में पुरज़े हुए पैमाँ[6] कितने
कितने वादे जो न आसूद-ए-इक़रार[7] हुए
कितनी आँखों को नज़र खा गई बदख़ाहों[8] की
ख़्वाब कितने तिरी शहराहों[9] संगसार[10] हुए

"बला कशान[11]-ए-मुहब्बत पे जो हुआ सो हुआ
जो मुझ पे गुज़री मत उससे कहो, हुआ सो हुआ
मबादा[12] हो कोई ज़ालिम तिरा गरीबाँगीर[13]
लहू के दाग़ तू दामन से धो, हुआ सो हुआ"
हम तो मजबूर-ए-वफ़ा हैं मगर ऐ जान-ए-जहाँ
अपने उश्शाक़[14] से ऐसे भी कोई करता है
तेरी महफ़िल को ख़ुदा रक्खे अबद[15] तक क़ायम
हम तो गेहमाँ हैं घड़ी भर के हमारा क्या है।

---

1. वतन की ज़मीन, 2. मुरझाए हुए गाल, 3. फूलों (गुलाब) जैसे सुर्ख़, 4. रेगिस्तान, 5. महलों, 6. प्रतिज्ञा, 7. मान्यता से परिपूरित, 8. बुरा चाहनेवालों, 9. सड़क, मार्ग, 10. पत्थर मारना, 11. सख्तियाँ झेलनेवाले, 12. कहीं ऐसा न हो, 13. गरीबान पकड़नेवाला, 14. चाहनेवाले, 15. हमेशा, दुनिया के अन्तिम दिन तक

سبھی کچھ ہے تیرا دیا ہوا، سبھی راحتیں، سبھی کلفتیں
کبھی صحبتیں، کبھی فرقتیں، کبھی دُوریاں کبھی قربتیں

یہ سخن جو ہم نے رقم کیے، یہ ہیں سب ورق تری یاد کے
کوئی لمحہ صُبحِ وصال کا کئی شامِ ہجر کی مدّتیں

جو تمھاری مان لیں ناصحا، تو رہے گا دامنِ دل میں کیا
نہ کسی عدو کی عداوتیں، نہ کسی صنم کی مروّتیں

چلو آؤ تم کو دکھائیں ہم جو بچا ہے مقتلِ شہر میں
یہ مزار اہلِ صفا کے ہیں، یہ ہیں اہلِ صدق کی تُربتیں

مِری جان، آج کا غم نہ کر کہ نہ جانے کاتبِ وقت نے
کِسی اپنے کل میں بھی بھول کر، کہیں لکھ رکھی ہوں مسرتیں

بیروت، ۱۹۷۹ء

ग़ज़ल

सभी कुछ है तेरा दिया हुआ, सभी राहतें सभी कुल्फ़तें[1]
कभी सुहबतें[2] कभी फ़ुर्क़तें, कभी दूरियाँ कभी क़ुर्बतें[3]
ये सुख़न जो हमने रक़म[4] किए, ये हैं सब वरक़ तिरी याद के
कोई लम्हा सुब्ह-ए-विसाल का कई शाम-ए-हिज्र की मुद्दतें
जो तुम्हारी मान लें नासिहा[5], तो रहैगा दामन-ए-दिल में क्या
न किसी अदू की अदावतें, न किसी सनम की मुरव्वतें
चलो आओ तुम को दिखाएँ हम जो बचा है मक़्तल[6]-ए-शहर में
ये मज़ार अहल-ए-सफ़ा[7] के हैं, ये हैं अहल-ए-सिद्क़[8] की तुर्बतें[9]
मिरी जान, आज का ग़म न कर कि न जाने कातिब-ए-वक़्त ने
किसी अपने कल में भी भूल कर, कहीं लिख रखी हो मसर्रतें।

बेरूत, 1979

---

1. तकलीफ़, 2. महफ़िलें, 3. पास, 4. लिखना, 5. ओ नसीहत करनेवाले, 6. कत्ल होने की जगह, 7. पवित्र लोग, 8. सच्चे लोग, 9. क़ब्रें

مقتل میں نہ مسجد نہ خرابات میں کوئی
ہم کس کی امانت میں غمِ کارِ جہاں دیں
شاید کوئی ان میں سے کفن پھاڑ کے نکلے
اب جائیں شہیدوں کے مزاروں پہ اذاں دیں

بیروت، ۱۹۷۹ء

मक़्तल में न मस्जिद न ख़राबात[1] में कोई
हम किस की अमानत में ग़म-ए-कार-ए-जहाँ[2] दें
शायद कोई उनमें से क़फ़न फाड़ के निकले
अब जाएँ शहीदों के मज़ारों पे अज़ाँ[3] दें।

बेरूत, 1979

1. शराबख़ाना, 2. दुनिया के कामों का दुख, 3. नमाज़ के लिए बुलाने की घोषणा

پیرس

دن ڈھلا، کوچہ و بازار میں صف بستہ ہوئیں
زرد رُو روشنیاں
ان میں ہر ایک کے کشکول سے برسیں رِم جھم
اس بھرے شہر کی ناسودگیاں
دور پس منظرِ افلاک میں دھندلانے لگے
عظمتِ رفتہ کے نشاں
پیش منظر میں
کسی سایۂ دیوار سے لپٹا ہوا سایہ کوئی
دوسرے سائے کی موہوم سی امید لیے
روزمرّہ کی طرح
زیرِ لب
شرحِ بے دردئ ایّام کی تمہید لیے
اور کوئی اجنبی
ان روشنیوں سایوں سے کتراتا ہوا
اپنے بے خواب شبستاں کی طرف جاتا ہوا

پیرس، اگست ۱۹۷۹ء

पेरिस

दिन ढला, कूचा-ए-बाज़ार में सफ़-बस्ता[1] हुईं
ज़र्द-रू रौशनियाँ
उनमें हर एक के कश्कोल[2] से बरसीं रिम-झिम
इस भरे शहर की नासूदगियाँ[3]
दूर पस-मंज़र-ए-अफ़लाक[4] में धुँधलाने लगे
अज़्मत-ए-रफ़्ता[5] के निशाँ
पेश-ए-मंज़र[6] में
किसी साया-ए-दीवार से लिपटा हुआ साया कोई
दूसरे साये की मौहूम[7]-सी उम्मीद लिये
रोज़मर्रा की तरह
ज़ेर-ए-लब[8]
शरहृ-ए-बेदर्दी-ए-अय्याम[9] की तम्हीद[10] लिये
और कोई अजनबी
इन रौशनियों सायों से कतराता हुआ
अपने बेख़्वाब शबिस्ताँ[11] की तरफ़ जाता हुआ।

पेरिस, अगस्त 1979

1. पंक्ति में खड़े होना, 2. भीख का प्याला, 3. दुख, असन्तुष्टि, 4. आसमानों की पृष्ठभूमि में, 5. बीती हुई शान, 6. पूर्व दृश्य, भूमिका, 7. धुँधली, 8. नीचे स्वर में, 9. ज़माने की निम्नता की टीका, 10. भूमिका, 11. रैन बसेरा

قوّالی

جلا پھر صبر کا خرمن، پھر آہوں کا دھواں اُٹھا
ہوا پھر نذرِ صرصر نشیمن کا ہر اک تنکا
ہوئی پھر صبحِ ماتم آنسوؤں سے بھر گئے دریا
چلا پھر سُوئے گردوں کاروانِ نالۂ شب ہا
ہر اک جانب فضا میں پھر مچا کہرامِ یا رب ہا
امڈ آئی کہیں سے پھر گھٹا وحشی زمانوں کی
فضا میں بجلیاں لہرائیں پھر سے تازیانوں کی
قلم ہونے لگی گردن قلم کے پاسبانوں کی
کھلا نیلام ذہنوں کا، لگی بولی زبانوں کی
لہو دینے لگا ہر اک دہن میں بخیۂ لب ہا
چلا پھر سُوئے گردوں کاروانِ نالۂ شب ہا

क़व्वाली

जला फिर सब्र का ख़िर्मन[1], फिर आहों का धुआँ उट्ठा
हुआ फिर नज़्र-ए-सर सर[2] हर नशेमन[3] का हर इक तिनका
हुई फिर सुब्ह-ए-मातम आँसुओं से भर गए दरिया
चला फिर सू-ए-गर्दूं[4] कारवान-ए-नाला-ए-शब हा[5]
हर इक जानिब फ़ज़ा में फिर मचा कुहराम-ए-या रब हा[6]
उमड़ आई कहीं से फिर घटा वहशी ज़मानों की
फ़ज़ा में बिजलियाँ लहराईं फिर से ताज़यानों[7] की
क़लम होने लगी गर्दन क़लम के पासबानों[8] की
खुला नीलाम ज़ेह्नों का, लगी बोली ज़बानों की
लहू देने लगा हर इक दहन[9] में बख़्या-ए-लब हा[10]
चला फिर सू-ए-गर्दूं कारवान-ए-नाला-ए-शब हा।

---

1. खलयान, 2. पवन को अर्पित, 3. घोंसला, 4. आसमान की दिशा में, 5. रात की फ़रियादों के क़ाफ़िले, 6. या ख़ुदा, 7. कोड़े, 8. रक्षक, 9. मुँह, 10. होंठों को सीनेवाले टाँके

ستم کی آگ کا ایندھن بنے دل پھر سے، وادلہا
یہ تیرے سادہ دل بندے کدھر جائیں خداوندا
بنا پھرتا ہے ہر اِک مدّعی پیغام بَر تیرا
ہر اِک بُت کو صنم خانے میں دعویٰ ہے خدائی کا
خدا محفوظ رکھے از خداوندانِ مذہب ہا
چلا پھر سوئے گردوں کاروانِ نالۂ شب ہا

بیروت، ۱۹۷۹ء

सितम की आग का ईंधन बने दिल फिर से, वा दिल हा[11]
ये तेरे सादा दिल बन्दे किधर जाएँ ख़ुदावन्दा
बना फिरता है हर इक मुद्दई[12] पैग़ाम्बर तेरा
हर एक बुत को सनमख़ाने[13] में दावा है ख़ुदाई का
ख़ुदा महफ़ूज़ रक्खे अज़ ख़ुदावन्दान-ए-मज़हब[14] हा
चला फिर सू ए-गर्दूं कारवान-ए-नाला-ए-शब हा।

बेरूत, 1979

11. वाह ऐ दिल, 12. दुश्मन, 13. बुतख़ाने, 14. धर्म के ठेकेदारों से

کیا کریں

مِری تری نگاہ میں
جو لاکھ انتظار ہیں
جو میرے تیرے تن بدن میں
لاکھ دِل فگار ہیں
جو میری تیری انگلیوں کی بے حِسی سے
سب قلم نزار ہیں
جو میرے تیرے شہر میں
ہر اِک گلی میں
میرے تیرے نقشِ پا کے بے نشاں مزار ہیں
جو میری تیری رات کے
ستارے زخم زخم ہیں
جو میری تیری صبح کے
گلاب چاک چاک ہیں

क्या करें

मिरी-तिरी निगाह में
जो लाख इन्तज़ार हैं
जो मेरे-तेरे तन बदन में
लाख दिल फ़िगार[1] हैं
जो मेरी-तेरी उँगलियों की बेहिसी[2] से
सब क़लम नज़ार[3] हैं
जो मेरे-तेरे शहर में
हर इक गली में
मेरे-तेरे नक़्श-ए-पा के बेनिशाँ मज़ार हैं
जो मेरी-तेरी रात के
सितारे ज़ख़्म-ज़ख़्म हैं
जो मेरी-तेरी सुब्ह के
गुलाब चाक-चाक हैं

---

1. घायल, 2. जिसे एहसास न हो, 3. दुर्बल

یہ زخم سارے بے دوا
یہ چاک سارے بے رفو
کسی پہ راکھ چاند کی
کسی پہ اوس کا لہو
یہ ہے بھی یا نہیں، بتا
یہ ہے کہ محض جال ہے
مِرے تمھارے عنکبوتِ وہم کا بُنا ہوا
جو ہے تو اِس کا کیا کریں
نہیں ہے تو بھی کیا کریں
بتا، بتا،
بتا، بتا،

بیروت، ۱۹۸۰ء

ये ज़ख़्म सारे बे-दवा
ये चाक सारे बे-रफ़ू
किसी पे राख चाँद की
किसी पे ओस का लहू
ये है कि महज़ जाल है
मिरे-तुम्हारे अन्कबूत[4]-ए-वह्म का बुना हुआ
जो है तो इसका क्या करें
नहीं है तो भी क्या करें
बता, बता
बता, बता।

बेरूत, 1980

---

4. मकड़ी

دو نظمیں فلسطین کے لئے

(۱)

فلسطینی شہداء جو پردیس میں کام آئے

میں جہاں پر بھی گیا ارضِ وطن
تیری تذلیل کے داغوں کی جلن دل میں لیے
تیری حُرمت کے چراغوں کی لگن دل میں لیے
تیری الفت، تیری یادوں کی کسک ساتھ گئی
تیرے نارنج شگوفوں کی مہک ساتھ گئی
سارے ان دیکھے رفیقوں کا جِلو ساتھ رہا
کتنے ہاتھوں سے ہم آغوش مرا ہاتھ رہا
دور پردیس کی بے مہر گزرگاہوں میں
اجنبی شہر کی بے نام و نشاں راہوں میں
جس زمیں پر بھی کھلا میرے لہو کا پرچم
لہلہاتا ہے وہاں ارضِ فلسطیں کا علَم
تیرے اعدا نے کیا ایک فلسطیں برباد
میرے زخموں نے کیے کتنے فلسطیں آباد

بیروت، ۱۹۸۰ء

(1)

फ़लिस्तीनी शुहदा जो परदेस में काम आए

मैं जहाँ पर भी गया अर्ज़-ए-वतन
तेरी तज़्लील[1] के दाग़ों की लगन दिल में लिये
तेरी हुर्मत[2] के चराग़ों की लगन दिल में लिये
तेरी उल्फ़त तिरी यादों की कसक साथ गई
तेरे नारंज[3] शगूफ़ों[4] की महक साथ गई
सारे अनदेखे रफ़ीक़ों का जिलौ[5] साथ रहा
कितने हाथों से हम-आग़ोश मिरा हाथ रहा
दूर परदेस की बे-मेहूर गुज़रगाहों में
अजनबी शहर की बेनाम-ओ-निशाँ राहों में
जिस ज़मीं पे भी खुला मेरे लहू का परचम[6]
लहलहाता है वहाँ अर्ज़[7]-ए-फ़लिस्तीं का अलम[8]
तेरे आदा[9] ने किया एक फ़लिस्तीं बरबाद
मेरे ज़ख़्मों ने किए कितने फ़लिस्तीं आबाद।

बेरूत, 1980

1. अपमान, 2. शुद्धता, 3. नारंगी रंग, 4. कलियाँ, 5. छाया में, 6. झंडा, 7. धरती, 8. झंडा, 9. दुश्मन

(۲)

فلسطینی بچّے کے لئے لوری

مت رو بچّے
رو رو کے ابھی
تیری امّی کی آنکھ لگی ہے
مت رو بچّے
کچھ ہی پہلے
تیرے ابّا نے
اپنے غم سے رخصت لی ہے
مت رو بچّے
تیرا بھائی
اپنے خواب کی تتلی پیچھے
دور کہیں پردیس گیا ہے
مت رو بچّے
تیری باجی کا
ڈولا پرائے دیس گیا ہے

(2)

फ़लिस्तीनी बच्चे के लिए लोरी

मत रो बच्चे
रो रो के अभी
तेरी अम्मी की आँख लगी है
मत रो बच्चे
कुछ ही पहले
तेरे अब्बा ने
अपने ग़म से रुख़सत ली है
मत रो बच्चे
तेरा भाई
अपने ख़्वाब की तितली पीछे
दूर कहीं परदेस गया है
मत रो बच्चे
तेरी बाजी का
डोला पराये देस गया है

مت رو بچّے
تیرے آنگن میں
مُردہ سورج نہلا کے گئے ہیں
چندرما دفنا کے گئے ہیں
مت رو بچّے
امّی، ابّا، باجی، بھائی،
چاند اور سورج
تو گر روئے گا تو یہ سب
اور بھی تجھ کو رلوائیں گے
تو مُسکائے گا تو شاید
سارے اک دن بھیس بدل کر
تجھ سے کھیلنے لوٹ آئیں گے

بیروت، ۱۹۸۰ء

मत रो बच्चे
तेरे आँगन में
मुर्दा सूरज नहला के गए हैं
चन्द्रमा दफ़ना के गए हैं
मत रो बच्चे
अम्मी, अब्बा, बाजी, भाई
चाँद और सूरज
तू गर रोएगा तो ये सब
और भी तुझको रुलवाएँगे
तू मुस्काएगा तो शायद
सारे इक दिन भेस बदल कर
तुझसे खेलने लौट आएँगे।

बेरूत, 1980

نذرِ حافظ

ناصحم گفت بجز غم چہ ہنر دارد عشق
بگو اے خواجۂ عاقل ہُنرے بہتر ازیں

***

قندِ دہن، کچھ اِس سے زیادہ
لطفِ سخن، کچھ اِس سے زیادہ
فصلِ خزاں میں لطفِ بہاراں
برگِ سمن، کچھ اِس سے زیادہ
حالِ چمن پر تلخ نوائی
مُرغِ چمن، کچھ اِس سے زیادہ
دل شکنی بھی، دل داری بھی
یادِ وطن، کچھ اِس سے زیادہ
شمعِ بدن، فانوس قبا میں
خوبیِ تن کچھ اِس سے زیادہ
عشق میں کیا ہے غم کے علاوہ
خواجۂ من، کچھ اس سے زیادہ

بیروت، ۱۹۸۰ء

नज़्र-ए-हाफ़िज़[1]

ना-सहम् गुफ्त बजुज़ ग़म चे हुनर दारद इश्क़
बिगो ऐ ख़्वाजा-ए-आक़िल हुनर-ए-बेहतर अज़ीं[2]

○ ○ ○

क़न्द-ए-दहन[3], कुछ इससे ज़ियादा
लुत्फ़-ए-सुख़न[4], कुछ इससे ज़ियादा
फ़स्ल-ए-ख़िज़ाँ[5] में लुत्फ़-ए-बहाराँ
बर्ग-ए-समन[6], कुछ इससे ज़ियादा
हाल-ए-चमन पर तल्ख़ नवाई[7]
मुर्ग़-ए-चमन[8], कुछ इससे ज़ियादा
दिलशिकनी भी, दिलदारी भी
याद-ए-वतन, कुछ इससे ज़ियादा
शम्ए-बदन, फ़ानूस-ए-क़बा[9] में
ख़ूबी-ए-तन, कुछ इससे ज़ियादा
इश्क़ में क्या है ग़म के अलावा
ख़्वाजा-ए-मन[10], कुछ इससे ज़ियादा।

बेरूत, 1980

1., 2. मेरे नसीहत करनेवाले ने यह कहा कि इश्क में सिवाय दुख के और क्या रखा है। ऐ अक्लमन्द, जरा यह बताओ कि भला इससे बड़ी अच्छाई और क्या है? 3. मुख की मिठास, 4. बातों का मजा, 5. पतझड़ का मौसम, 6. चँबेली का पत्ता, 7. कड़वी बात कहना, 8. बाग़ के पखेरू, 9. वस्त्र का फ़ानूस, 10. ऐ मेरे मालिक

میرے ملنے والے

وہ در کھلا میرے غم کدے کا
وہ آ گئے میرے ملنے والے
وہ آ گئی شام، اپنی راہوں میں
فرشِ افسردگی بچھانے
وہ آ گئی رات چاند تاروں کو
اپنی آزردگی سنانے
وہ صبح آئی دمکتے نشتر سے
یاد کے زخم کو منانے
وہ دوپہر آئی، آستیں میں
چھپائے شعلوں کے تازیانے
یہ آئے سب میرے ملنے والے
کہ جن سے دن رات واسطہ ہے

मेरे मिलने वाले

वो दर खुला मेरे ग़मकदे[1] का
वो आ गए मेरे मिलने वाले
वो आ गई शाम, अपनी राहों में
फ़र्श-ए-अफ़सुर्दगी[2] बिछाने
वो आ गई रात चाँद तारों को
अपनी आज़ुर्दगी[3] सुनाने
वो सुब्ह आई दमकते नश्तर से
याद के ज़ख़्म को मनाने
वो दोपहर आई, आस्तीं में
छुपाए शोलों के ताज़याने
ये आए सब मेरे मिलने वाले
कि जिन से दिन रात वास्ता है।

1. दु:खों से भरा स्वर, 2. उदासी का फ़र्श, 3. उदासी

یہ کون کب آیا، کب گیا ہے
نگاہ و دل کو خبر کہاں ہے
خیال سوئے وطن رواں ہے
سمندروں کی ایال تھام
ہزاروں وہم و گماں سنبھالے
کئی طرح کے سوال تھامے

بیروت، ۱۹۸۰ء

प कौन कब आया, कब गया है
निगाह-ओ-दिल को ख़बर कहाँ है
ख़याल सू-ए-वतन रवाँ है
समन्दरों की अयाल थामे
हज़ार वह्म-ओ-गुमाँ[4] सँभाले
कई तरह के सवाल थामे।

बेरूत, 1980

4. आशंकाएँ।

گاؤں کی سڑک

یہ دیس مفلس و نادار کجکلاہوں کا
یہ دیس بے زر و دینار بادشاہوں کا
کہ جس کی خاک میں قدرت ہے کیمیائی کا
یہ نائبانِ خداوندِ ارض کا مسکن
یہ نیک پاک بزرگوں کی روح کا مدفن
جہاں پہ چاند ستاروں نے جبہہ سائی کی
نہ جانے کتنے زمانوں سے اس کا ہر رستہ
مثالِ خانۂ بے خانماں تھا دربستہ
خوشا کہ آج بفضلِ خدا وہ دن آیا
کہ دستِ غیب نے اِس گھر کی درکشائی کی
چُنے گئے ہیں سبھی خار اس کی راہوں سے
سُنی گئی ہے بالآخر برہنہ پائی کی

بیروت، ۱۹۸۰ء

गाँव की सड़क

ये देस मुफ़लिस-ओ-नादार कजकुलाहों[1] का
ये देस बेज़र-ओ-दीनार[2] बादशाहों का
कि जिसकी ख़ाक में क़ुदरत है कीमियाई[3] की
ये नायबान-ए-ख़ुदावन्द-ए-अर्ज़[4] का मसकन[5]
ये नेक पाक बुज़ुर्गों की रूह का मदफ़न[6]
जहाँ पे चाँद सितारों ने जब्हासाई[7] की
न जाने कितने ज़मानों से इसका हर रस्ता
मिसाल-ए-खाना-ए-बे-ख़ानमाँ[8] था दरबस्ता[9]
खुशा[10] कि आज बफ़ज़्ल-ए-ख़ुदा[11] वो दिन आया
कि दस्त-ए-ग़ैब[12] ने इस घर की दर-कुशाई[13] की
चुने गए हैं सभी ख़ार इसकी राहों से
सुनी गई है बिलआख़िर[14] बरहनापाई[15] की।

बेरूत, 1980

---

1. बाँकपन, तिरछी टोपीवाले, 2. निर्धन, 3. कुन्दन, 4. जमीन के मालिकों के नायक, उपमंत्री, 5. ठिकाना, 6. क़ब्र, 7. सर झुकाना, माथा रगड़ना, 8. वीरान घर, 9. बन्द, 10. वाह, वाह, धन्य है, 11. ईश्वर कृपा से, 12. आकाश से रहस्यपूर्ण मदद, 13. दरवाज़ा खोलना, 14. अन्त में, 15. नंगे पैर।

اب کے برس دستورِ ستم میں کیا کیا باب ایزاد ہوئے
جو قاتل تھے مقتول ہوئے، جو صید تھے اب صیّاد ہوئے

پہلے بھی خزاں میں باغ اجڑے پر یوں نہیں جیسے اب کے برس
سارے بُوٹے پتّہ پتّہ روش روش برباد ہوئے

پہلے بھی طوافِ شمعِ وفا تھی، رسمِ محبت والوں کی
ہم تم سے پہلے بھی یہاں منصور ہوئے، فرہاد ہوئے

اِک گل کے مرجھانے پر کیا گلشن میں کہرام مچا
اِک چہرہ کمھلا جانے سے کتنے دل ناشاد ہوئے

فیضؔ نہ ہم یوسف، نہ کوئی یعقوب جو ہم کو یاد کرے
اپنی کیا، کنعاں میں رہے یا مِصر میں جا آباد ہوئے *

---

* غنی، روزِ سیاہِ پیرِ کنعاں را تماشا کن
که نورِ دیده اش روشن کند چشمِ زلیخا را

अब के बरस दस्तूर-ए-सितम में क्या-क्या बाब[1] ईज़ाद[2] हुए
जो क़ातिल थे मक़्तूल[3] हुए, जो सैद[4] थे अब सय्याद[5] हुए
पहले भी ख़िज़ाँ में बाग़ उजड़े पर यूँ नहीं जैसे अब के बरस
सारे बूटे पत्ता-पत्ता रविश-रविश बरबाद हुए
पहले भी तवाफ़-ए-शम्ए-वफ़ा[6] थी, रस्म मुहब्बत वालों की
हम तुमसे पहले भी यहाँ मंसूर हुए, फ़रहाद हुए
इक गुल के मुरझाने पर क्या गुलशन में कुहराम बचा
इक चेहरा कुम्हला जाने से कितने दिल नाशाद हुए
फ़ैज़, न हम यूसुफ़[7] न कोई याक़ूब[8] जो हमको याद करे
अपनी क्या, कनआँ[9] में रहे या मिस्र में जा आबाद हुए।*

---

*ग़नी, रोज़-ए-सियाह-ए-पीर-ए-कनआँ रा तमाशाकुन
कि नूर-ए-दीदा-अश रोशन कुनद चश्म-ए-जुलेख़ा-रा

1. दरवाज़ा, 2. अधिक, 3. जो जान से मारा गया हो, 4. शिकार, 5. चिड़ीमर, 6. निष्ठा की शमा के चारों ओर चक्कर लगानेवाले, 7. प्रसिद्ध अवतार पैग़म्बर, 8. हजरत यूसुफ़ के पिता, 9. पच्छिम एशिया का एक पुराना नगर

غم بہ دل، شکر بہ لب، مست و غزل خواں چلیے
جب تلک ساتھ ترے عمرِ گریزاں چلیے
رحمتِ حق سے جو اس سمت کبھی راہ ملے
سوئے جنّت بھی براہِ رہِ جاناں چلیے
نذر مانگے جو گلستاں سے خداوندِ خزاں
ساغرِ مَے میں لیے خونِ بہاراں چلیے
جب ستانے لگے بے رنگیِ دیوارِ جہاں
نقش کرنے کوئی تصویرِ حسیناں چلیے
کچھ بھی ہو آئینۂ دل کو مصفّا رکھیے
جو بھی گزرے، مثلِ خسروِ دوراں چلیے
امتحاں جب بھی ہو منظور جگرداروں کا
محفلِ یار میں ہمراہِ رقیباں چلیے

ग़म-ब-दिल[1], शुक्र-ब-लब[2], मस्त-ओ-ग़ज़लख़्वाँ[3] चलिए
जब तलक साथ तिरे उम्र-ए-गुरेजाँ[4] चलिए
रहमत-ए-हक़[5] से जो इस सम्त कभी राह मिले
सू-ए-जन्नत भी बराह-ए-रह-ए-जानाँ[6] चलिए
नज़्र माँगे जो गुलिस्ताँ से ख़ुदावन्द-ए-ख़िज़ाँ
साग़र-ए-मय में लिये ख़ून-ए-बहाराँ चलिए
जब सताने लगे बेरंगी-ए-दीवार-ए-जहाँ
नक़्श करने कोई तस्वीर-ए-हसीनाँ चलिए
कुछ भी हो आईना-ए-दिल को मुसफ़्फ़ा[7] रखिए
जो भी गुज़रे, मिसल-ए-ख़ुसरो-ए-दौरा[8] चलिए
इम्तिहाँ जब भी हो मंज़ूर जिगरदारों का
महफ़िल-ए-यार में हमराह-ए-रक़ीबाँ[9] चलिए।

1. दिल में ग़म लिये, 2. होंठों पर शुक्रिया लिये, 3. मस्ती में और ग़ज़ल गाते हुए, 4. बचकर गुज़रनेवाली उम्र, 5. ख़ुदा की मेहरबानी, 6. प्रिय का मार्ग, 7. पवित्र किया हुआ, 8. ज़माने के बादशाह की तरह, 9. रक़ीब के साथ।

وہ بتوں نے ڈالے ہیں وسوسے کہ دلوں سے خوفِ خدا گیا
وہ پڑی ہیں روز قیامتیں کہ خیال روزِ جزا گیا

جو نفس تھا خارِ گلو بنا، جو اُٹھے تو ہاتھ لہو ہوئے
وہ نشاطِ آہِ سحر گئی وہ وقارِ دستِ دعا گیا

نہ وہ رنگِ فصلِ بہار کا، نہ روش وہ ابرِ بہار کی
جس ادا سے یار تھے آشنا وہ مزاجِ بادِ صبا گیا

جو طلب پہ عہدِ وفا کیا تو وہ آبروئے وفا گئی
سرِ عام جب ہوئے مدّعی تو ثوابِ صدق و صفا گیا

ابھی بادبان کو تہ رکھو ابھی مضطرب ہے رُخِ ہوا
کسی راستے میں ہے منتظر وہ سکوں جو آ کے چلا گیا

वो बुतों ने डाले हैं वसवसे[1] कि दिलों से ख़ौफ़-ए-ख़ुदा गया
वो पड़ी हैं रोज़ क़यामतें कि ख़याल-ए-रोज़-ए-जज़ा[2] गया
जो नफ़स था ख़ार-ए-गुलू[3] बना, जो उठे तो हाथ लहू हुए
वो निशात-ए-आह-ए-सहर[4] गई, वो वक़ार-ए-दस्त-ए-दुआ[5] गया
न वो रंग फ़स्ल-ए-बहार का, न रविश वो अब्र-ए-बहार[6] की
जिस अदा से यार थे आशना वो मिज़ाज-ए-बाद-ए-सबा गया
जो तलब पे अहद्-ए-वफ़ा किया तो वो आबरू-ए-वफ़ा गयी
सर-ए-आम जब हुए मुद्दई[7] तो सवाब-ए-सिद्क़-ओ-सफ़ा[8] गया
अभी बादबान को तह रखो अभी मुज़तरिब[9] है रुख़-ए-हवा
किसी रास्ते में है मुन्तज़िर[10] वो सुकूँ जो आके चला गया।

---

1. आशंकाएँ, 2. क़यामत के दिन का ख़याल, 3. गले का काँटा, 4. सुबह को फरियाद करने का मज़ा, 5. दुआ माँगनेवाले हाथों का सम्मान, 6. बरखा ऋतु का बादल, 7. दुश्मन, 8. पवित्रता और सच्चाई का पुण्य, 9. बेचैन, 10. प्रतीक्षक

ستم سکھلائے گا رسمِ وفا ایسے نہیں ہوتا
صنم دکھلائیں گے راہِ خدا ایسے نہیں ہوتا

گنو سب حسرتیں جو خوں ہوئی ہیں تن کے مقتل میں
مرے قاتل حسابِ خوں بہا ایسے نہیں ہوتا

جہانِ دل میں کام آتی ہیں، تدبیریں نہ تعزیریں
یہاں پیمانِ تسلیم و رضا ایسے نہیں ہوتا

ہر اِک شب ہر گھڑی گزرے قیامت یوں تو ہوتا ہے
مگر ہر صبح ہو روزِ جزا ایسے نہیں ہوتا

رواں ہے نبضِ دوراں، گردشوں میں آسماں سارے
جو تم کہتے ہو سب کچھ ہو چکا ایسے نہیں ہوتا

सितम सिखलाएगा रस्म-ए-वफ़ा ऐसे नहीं होता
सनम दिखलाएँगे राह-ए-ख़ुदा ऐसे नहीं होता
गिनो सब हसरतें जो ख़ूँ हुई हैं तन के मक़्तल में
मिरे क़ातिल हिसाब-ए-ख़ूँ-बहा[1] ऐसे नहीं होता
जहान-ए-दिल में काम आती हैं तदबीरें न ताज़ीरें[2]
यहाँ पैमान-ए-तसलीम-ओ-रिज़ा[3] ऐसे नहीं होता
हर इक शब हर घड़ी गुज़रे क़यामत यूँ तो होता है
मगर हर सुब्ह हो रोज़-ए-जज़ा[4] ऐसे नहीं होता
रवाँ है नब्ज़-ए-दौराँ[5], गर्दिशों[6] में आसमाँ सारे
जो तुम कहते हो सब कुछ हो चुका ऐसे नहीं होता।

---

1. ख़ून के बदले का हिसाब, 2. सज़ा, 3. हर बात मानने की प्रतिज्ञा, 4. प्रलय के दिन, 5. ज़माने की नाड़ी, 6. चक्कर

اپنے انعامِ حُسن کے بدلے
ہم تہی دامنوں سے کیا لینا
آج فرقت زدوں پہ لطف کرو
پھر کبھی صبر آزما لینا

अपने इन्आम-ए-हुस्न[1] के बदले
हम तही-दामनों[2] से क्या लेना
आज फ़ुर्क़तज़दों[3] पे लुत्फ़ करो
फिर कभी सब्र आज़मा लेना।

1. सुन्दरता की उपाधि, 2. ख़ाली दामनवाले, 3. विरह के मारे।

گیت

جلنے لگیں یادوں کی چتائیں
آؤ کوئی بیت بنائیں
جن کی رہ تکتے جگ بیتے
چاہے وہ آئیں نہیں آئیں
آنکھیں موند کے نت پل دیکھیں
آنکھوں میں ان کی پرچھائیں
اپنے دردوں کا مُکٹ پہن کر
بے دردوں کے سامنے جائیں
جب رونا آوے مسکائیں
جب دل ٹوٹے دیپ جلائیں
پریم کتھا کا انت نہ کوئی
کتنی بار اسے دُہرائیں
پریت کی ریت انوکھی ساجن
کچھ نہیں مانگیں سب کچھ پائیں
فیضؔ ان سے کیا بات چھپی ہے
ہم کچھ کہہ کر کیوں پچھتائیں

गीत

जलने लगीं यादों की चिताएँ
आओ कोई बैत[1] बनाएँ
जिनकी रह तकते जुग बीते
चाहे वो आएँ या नहीं आएँ
आँखें मूँद के नित पल देखें
आँखों में उनकी परछाईं
अपने दर्दों का मुकुट पहनकर
बेदर्दों के सामने जाएँ
जब रोना आवे मुस्काएँ
जब दिल टूटे दीप जलाएँ
प्रेम कथा का अन्त न कोई
कितनी बार उसे दुहराएँ
प्रीत की रीति अनोखी साजन
कुछ नहीं माँगें सब कुछ पाएँ
'फ़ैज़' उनसे क्या बात छुपी है
हम कुछ कहकर क्यों पछताएँ।

---

1. शे'र, दोहा।

جو میرا تمھارا رشتہ ہے

میں کیا لکھوں جو میرا تمھارا رشتہ ہے
وہ عاشقی کی زباں میں کہیں بھی درج نہیں
لکھا گیا ہے بہت لطفِ وصل و دردِ فراق
مگر یہ کیفیت اپنی رقم نہیں ہے کہیں
یہ اپنا عشق ہم آغوش جس میں ہجر و وصال
یہ اپنا درد کہ ہے کب سے ہمدمِ مہ و سال
اِس عشقِ خاص کو ہر ایک سے چھپائے ہوئے
''گزر گیا ہے زمانہ گلے لگائے ہوئے''

تاشقند، ۱۹۸۱ء

जो मेरा तुम्हारा रिश्ता है

मैं क्या लिखूँ कि जो मेरा तुम्हारा रिश्ता है
वो आशिक़ी की ज़बाँ में कहीं भी दर्ज नहीं
लिखा गया है बहुत लुत्फ़-ए-वस्ल[1]-ओ-दर्द-ए-फ़िराक़[2]
मगर ये कैफ़ियत[3] अपनी रक़म[4] नहीं है कहीं
ये अपना इश्क़ हम-आग़ोश[5] जिसमें हिज्र-ओ-विसाल
ये अपना दर्द कि है कबसे हमदम-ए-मह-ओ-साल[6]
इस इश्क़-ए-ख़ास को हर एक से छुपाए हुए
गुज़र गया है ज़माना गले लगाए हुए।

ताशक़न्द, 1981

---

1. मिलन का आनन्द, 2. विरह का दुःख, 3. हालत, 4. लिखना, 5. स्पर्श, 6. दोस्त, 7. महीने और वर्ष

عشق اپنے قیدیوں کو پا بجولاں لے چلا

دار کی رسیوں کے گلوبند گردن میں پہنے ہوئے
گانے والے ہر اِک روز گاتے رہے
پایلیں بیڑیوں کی بجاتے ہوئے
ناچنے والے دُھومیں مچاتے ہوئے
ہم جو نہ اِس صف میں تھے اور نہ اُس صف میں تھے
راستے میں کھڑے اُن کو تکتے رہے
رشک کرتے رہے
اور چپ چاپ آنسو بہاتے رہے
لَوٹ کر آ کے دیکھا تو پھولوں کا رنگ
جو کبھی سُرخ تھا زرد ہی زرد ہے
اپنا پہلو ٹٹولا تو ایسا لگا
دل جہاں تھا وہاں درد ہی درد ہے

इश्क़ अपने क़ैदियों को पा-ब-जौलाँ[1] ले चलो

दार[2] की रस्सियों के गुलूबन्द गर्दन में पहने हुए
गाने वाले हर इक रोज़ गाते रहे
पायलें बेड़ियों की बजाते रहे
नाचने वाले धूमें मचाते रहे
हम जो न इस सफ़ में थे और न उस सफ़ में थे
रास्ते में खड़े उनको तकते रहे
रश्क[3] करते रहे
और चुपचाप आँसू बहाते रहे
लौट कर आके देखा तो फूलों का रंग
जो कभी सुर्ख़ था ज़र्द ही ज़र्द है
अपना पहलू टटोला तो ऐसा लगा
दिल जहाँ था वहाँ दर्द ही दर्द है

---

1. पाँव में बेड़ी पहने, 2. फाँसी, 3. ईर्ष्या

گلے میں کبھی طوق کا واہمہ
کبھی پاؤں میں لمس زنجیر کا
اور پھر ایک دن عشق انھیں کی طرح
رسن در گلو، پابجولاں ہمیں
اسی قافلے میں کشاں لے چلا

بیروت، اگست ۱۹۸۱ء

गले में कभी तौक़ का वाहिमा[4]
कभी पाँव में लम्स[5] ज़ंजीर का
और फिर एक दिन इश्क़ उन्हीं की तरह
रसन-दर-गुलू[6], पा-ब-जौलाँ हमें
उसी क़ाफ़िले में कशाँ[7] ले चलो।

बेरूत, अगस्त 1981

---

4. वहम, 5. स्पर्श, 6. गले में रस्सी, 7. खींचते हुए

یہ کس دیارِ عدم میں ...

نہیں ہے یوں تو نہیں ہے کہ اب نہیں پیدا
کسی کے حُسن میں شمشیرِ آفتاب کا حُسن
نگاہ جس سے ملاؤ تو آنکھ دُکھنے لگے
کسی ادا میں ادائے خرامِ بادِ صبا
جسے خیال میں لاؤ تو دل سلگنے لگے
کہیں ہے اب بھی الاؤ کہیں وہ رنگِ بدن
حجاب تھا جو کسی تن کا پیرہن کی طرح
کہیں پہ بانہوں میں کھویا ہوا کوئی آغوش
کشادہ اب بھی ہے شاید درِ وطن کی طرح
نہیں ہے یوں تو نہیں ہے کہ اب نہیں باقی
جہاں میں بزم گہہِ حُسن و عشق کا میلا
بِنائے لطف و محبت رواجِ مہر و وفا

ये किस दयार-ए-अदम[1] में...

नहीं है यूँ तो नहीं है कि अब नहीं पैदा
किसी के हुस्न में शमशीर-ए-आफ़ताब[2] का हुस्न
निगाह जिससे मिलाओ तो आँख दुखने लगे
किसी अदा में अदा-ए-ख़राम-ए-बाद-ए-सबा[3]
जिसे ख़याल में लाओ तो दिल सुलगने लगे
किए है अब भी अलाओ कहीं वो रंग-ए-बदन
हिजाब[4] था जो किसी तन का पैरहन[5] की तरह
कहीं पे बाँहों में खोया हुआ कोई आग़ोश
कुशादा[6] अब भी है शायद दर-ए-वतन की तरह
नहीं है यूँ तो नहीं है कि अब नहीं बाक़ी
जहाँ में बज़्मगह-ए-हुस्न-ओ-इश्क़ का मेला
बिना-ए-लुत्फ़-ओ-मुहब्बत[7], रिवाज-ए-मेह्र-ओ-वफ़ा[8]

---

1. परलोक, 2. सूरज की तलवार, 3. पवन के चलने की अदा, 4. परदा, 5. कुर्ता, 6. फैला हुआ, खुला हुआ, 7. मेहरबानी की बुनियाद, 8. मेहरबानी और निष्ठा का चलन

یہ کس دیارِ عدم میں مقیم ہیں ہم تم
جہاں پہ مژدۂ دیدارِ حُسنِ یار تو کیا
نویدِ آمدِ روزِ جزا نہیں آتی
یہ کس خمار کدے میں ندیم ہیں ہم تم
جہاں پہ شورشِ زنداں مے گسار تو کیا
شکست شیشۂ دل کی صدا نہیں آتی

ناتمام

بیروت، مارچ ۱۹۸۱ء

ये किस दयार-ए-अदम[9] में मुक़ीम[10] हैं हम तुम
जहाँ पे मुज़्दए-ए-दीदार-ए-हुस्न-ए-यार तो क्या
नवेद-ए-आमद-ए-रोज़-ए-जज़ा नहीं आती
ये किस ख़ुमारकदे में[11] नदीम[12] है हम तुम
जहाँ पे शोरिश-ए-रिन्दान-ए-मयगुसार[13] तो क्या
शिकस्त-ए-शीशा-ए-दिल[14] की सदा नहीं आती।

(ना-तमाम)
बेरूत, मार्च 1981

---

9. शून्य स्थान, 10. ठहरे हुए, 11. नशा टूटना, 12. दोस्त, 13. शराबियों का शोर-शराबा, 14. दिल के प्याले का टूटना

ہم مسافر یونہی مصروفِ سفر جائیں گے
بے نشاں ہوگئے جب شہر تو گھر جائیں گے
کس قدر ہوگا یہاں مہر و وفا کا ماتم
ہم تری یاد سے جس روز اُتر جائیں گے
جوہری بند کیے جاتے ہیں بازارِ سخن
ہم کسے بیچنے الماس و گہر جائیں گے
نعمتِ زیست کا یہ قرض چکے گا کیسے
لاکھ گھبرا کے یہ کہتے رہیں مر جائیں گے
فیضؔ آتے ہیں رہِ عشق میں جو سخت مقام
آنے والوں سے کہو ہم تو گزر جائیں گے

بیروت، ۱۹۸۰ء

हम मुसाफ़िर यूँ ही मसरूफ़-ए-सफ़र[1] जाएँगे
बेनिशाँ हो गए जब शहर तो घर जाएँगे
किस क़दर होगा यहाँ मेह्र-ओ-वफ़ा का मातम
हम तिरी याद से जिस रोज़ उतर जाएँगे
जौहरी बन्द किए जाते हैं बाज़ार-ए-सुख़न[2]
हम किसे बेचने अल्मास-ओ-गुहर[3] जाएँगे
नेमत-ए-ज़ीस्त[4] का ये क़र्ज़ चुकेगा कैसे
लाख घबराके ये कहते रहें मर जाएँगे
'फ़ैज़' आते हैं रह-ए-इश्क़ में जो सख़्त मुक़ाम
आने वालों से कहो हम तो गुज़र जाएँगे।

बेरूत, दिसम्बर 1980

---

1. यात्रा में व्यस्त, 2. शाइरी का बाज़ार, 3. हीरे-मोती, 4. जीवन का वरदान

غزل

جیسے ہم بزم ہیں پھر یارِ طرحدار سے ہم
رات ملتے رہے اپنے در و دیوار سے ہم

سرخوشی میں یونہی سرمست و غزل خواں گزرے
کوئے قاتل سے کبھی کوچۂ دلدار سے ہم

اب وہاں کتنی مرصّع ہے وہ سورج کی کرن
کل جہاں قتل ہوئے تھے اُسی تلوار سے ہم

ہم سے بے بہرہ ہوئی اب جرسِ گل کی صدا
ورنہ واقف تھے ہر اِک رنگ کی جھنکار سے ہم

فیضؔ جب چاہا جو کچھ چاہا سدا مانگ لیے
ہاتھ پھیلا کے دلِ بے زر و دینار سے ہم

بیروت، ۱۹۸۱ء

ग़ज़ल

जैसे हम बज़्म में फिर यार-ए-तरहदार[1] से हम
रात मिलते रहे अपने दर-ओ-दीवार से हम
सरख़ुशी[2] में यूँ ही सरमस्त-ओ-ग़ज़लख़्वाँ गुज़रे
कू-ए-क़ातिल से कभी कूच-ए-दिलदार से हम
अब वहाँ कितनी मुरस्सा[3] है वो सूरज की किरन
कल जहाँ क़त्ल हुए थे इसी तलवार से हम
हमसे बे-बहरा हुई अब जरस-ए-गुल[4] की सदा
वरना वाक़िफ़ थे हर इक रंग की झनकार से हम
'फ़ैज़' जब चाहा जो कुछ चाहा सदा माँग लिये
हाथ फैला के दिल-ए-बे-ज़र-ओ-दीनार से हम।

बेरूत, 1981

1. बाँका यार, 2. मस्ती, 3. सुसज्जित, 4. फूलों के क़ाफ़ले की आवाज़

غزل

اب کہاں رسم گھر لُٹانے کی
برکتیں تھیں شراب خانے کی

کون ہے جس سے گفتگو کیجیے،
جان دینے کی، دل لگانے کی

بات چھیڑی تو اٹھ گئی محفل
ان سے جو بات تھی بتانے کی

ساز اٹھایا تو تھم گیا غمِ دل
رہ گئی آرزو سُنانے کی

چاند پھر آج بھی نہیں نکلا
کتنی حسرت تھی اُن کے آنے کی

بیروت، ۱۹۸۰ء

ग़ज़ल

अब कहाँ रस्म घर लुटाने की
बरकतें थीं शराबख़ाने की
कौन है जिससे गुफ़्तगू कीजे
जान देने की दिल लगाने की
बात छेड़ी तो उठ गई महफ़िल
उनसे जो बात थी बताने की
साज़ उठाया तो थम गया ग़म-ए-दिल
रह गई आरज़ू सुनाने की
चाँद फिर आज भी नहीं निकला
कितनी हसरत थी उनके आने की।

बेरूत, दिसम्बर 1980

ایک ترانہ پنجابی کسان کے لیے

اُٹھ اُتاں نوں جٹا
مردا کیوں جانیں
بھولیا، توں جگ دا اَن داتا
تیری باندی دھرتی ماتا
توں جگ دا پالن ہار
تے مردا کیوں جانیں
اُٹھ اُتاں نوں جٹا
مردا کیوں جانیں
جرنل، کرنل، صوبیدار
ڈپٹی، ڈی سی، تھانیدار
سارے تیرا دِتا کھاون
توں جے نہ بیجیں، توں جے نہ گاہویں
بھکھے، بھالے سب مرجاون
ایہہ چاکرتوں سرکار
مردا کیوں جانیں

एक तराना पंजाबी किसान के लिए

उठ उत्ताँ नूँ जट्टा
मुरदा क्यों जानें
भोलिया, तूँ जग दा अनदाता
तेरी बाँदी धरती माता
तूँ जग दा पालनहार
ते मुरदा क्यों जानें
उठ उत्ताँ नूँ जट्टा
मुरदा क्यों जानें
जनरल, करनल, सूबेदार
डिप्टी, डी.सी., थानेदार
सारे तेरा दित्ता खावन
तूँ जे न बेचें, ते जे न गाहवें
भुक्खे, भाने सब मरजावन
एह चाकर तूँ सरकार
मुरदा क्यों जानें

اُٹھ اُتاں نوں جٹّا

مردا کیوں جانیں

وِچ کچہری، چونگی، تھانے

کیہہ ان بھوں تے کیہہ سیانے

کیہہ اشراف تے کیہہ نمانے

سارے کھجّل خوار

مردا کیوں جانیں

اُٹھ اُتاں نوں جٹّا

☆☆

ایکا کرلو، ہو جئو کٹھّے

بھُل جاؤ رانگڑ، چیمے، چٹھّے

سبھّے دا اک پریوار

مردا کیوں جانیں

جے چڑھ آون فوجاں والے

توں وی چھویاں لمب کرالے

ترا حق، تری تلوار

تے مردا کیوں جانیں

دے اللہ ہوُ دی مار

تے مرداں کیوں جانیں

اُٹھ اُتاں نوں جٹّا

उठ उत्ताँ नूँ जट्टा
मुरदा क्यों जानें
विच कचहरी, चूँगी, थाने
कीह इन भूल ते कीह स्याने
कीह अशराफ़ ते कीह नमाने
सारे खज्जल ख़्वार
मुरदा क्यों जानें
उठ उत्ताँ नूँ जट्टा

एका कर लो, हो जओ कट्ठे
भल जाओ राँगड़, चीमे, चट्ठे
सब्भ दा इक परिवार
मुरदा क्यों जानें
चे चढ़ आवन फौजाँ वाले
तों वी छोयाँ लम्ब कराले
तिरा हक़ तिरी तलवार
ते मुरदाँ क्यों जानें
दे अल्लाह हू दी मार
ते मुरदा क्यों जानें
उठ उत्ताँ नूँ जट्टा।

ایک نغمہ

تارکینِ وطن کے لیے

''وطنے دیاں ٹھنڈیاں چھائیں او یار
ٹِک رَو تھائیں او یار''
روزی دیوے گا سائیں او یار
ٹِک رَو تھائیں او یار
ہیرنوں چھڈ ٹرگیوں رنجھیٹے
کھیڑیاں دے گھر پے گئے ہاسے
پنڈ وِچ کڈّھی ٹُور شریکاں
یاراں دے ڈھے پئے منڈاسے
ویراں دیاں ٹٹ گیّاں بائیں،
او یار
ٹِک رَو تھائیں او یار
روزی دیوے گا سائیں

نیلی یار کا پرانا گیت

एक नग़्मा तारिकीन-ए-वतन के लिए

"वतने दियाँ ठँडियाँ छाँई ओ यार
टिक रौ थाँई ओ यार"
रोज़ी देवेगा साँई ओ यार
टिक रौ थाँई ओ यार
हीर नूँ छड टुर गयो क्यों रँझीठे
खेडियाँ दे घर पे गए हासे
पिंड विच कढ्ढी टौर शरीकाँ
याराँ दे ढेह पए मुँडासे
वीराँ दियाँ टुर गय्याँ बाई
ओ यार
टिक रौ थाँई ओ यार
रोज़ी देवेगा साँई

کانگ اُڈاون ماواں، بھیناں

ترلے پاون لکھ ہزاراں

خیر مناون سنگی ساتھی

چرخے اولے رووَن مٹیاراں

ہاڑاں کردیاں سُنجیاں رائیں

او یار

ٹِک روتھائیں او یار

وطنے دیاں ٹھنڈیاں چھائیں

چھڈ غیراں دے محل چو محلے

اپنے ویہڑے دی ریس نہ کائی

اپنی جھوک دیاں ستّے خیراں

بِیبا تُس نے قدر نہ پائی

موڑ مہاراں

تے گھر باراں

مُڑ آکے مُول نہ جائیں

او یارَ

ٹِک رَوتھائیں او یار

काग उड़ावन माँवाँ बहनाँ
तिरले पावन लक्ख हज़ाराँ
ख़ैर मनावन संगी साथी
चरख़े ओले रोवन मुट्यायाराँ
हाड़ाँ कर दियाँ सुंजियाँ राई
ओ यार
टिक रौ थाँई ओ यार
वतने दियाँ ठंडियाँ छाईं
छड गैराँ दे महल चोमहले
अपने वेहड़े दी रीस न काई
अपनी झोक दियाँ सत्ते ख़ैराँ
बीबा तुस ने क़दर न पाई
मोड़ महाराँ
ते आ घर बाराँ
मुड़ आके मोल न जाँई
ओ यार
टिक रौ थाँई ओ यार।

●●●